組織設計・ゼネコンで設計者になる

入社10年目までのはたらきかた

035

(一社)日本建築協会U-35委員会 編著

JN108485

学芸出版社

本書に登場するプロジェクトの設計・施工期間と入社年次タイムライン

：設計期間（コンペ含む）　：工事期間

p.	氏名	所属組織	プロジェクト名	入社後の年次（1 2 3 4 5 6 7 8 9 10 11～）
14	山本和宏	昭和設計	守口市立 さくら小学校	24歳▼ 1校目 2校目 ▼32歳
24	粉川壮一郎	安井建築 設計事務所	長崎駅	26歳▼ 駅舎 商業 ▼33歳
34	市川雅也	竹中工務店	武庫川女子大学 公江記念館	25歳▼ ▼28歳
45	平岡翔太	大建設計	S社支店事務所	25歳▼ ▼27歳
56	鬼頭朋宏	大成建設	アース環境サービス 株式会社 彩都総合研究所 T-CUBE	26歳▼ ▼28歳
76	小原信哉	山下設計	小牧市庁舎	29歳▼ ▼33歳
86	大屋泰輝	大林組	ハイウィン神戸本社	29歳▼ ▼31歳
96	出来佑也	昭和設計	STUDIO SIGN新社屋	29歳▼ ▼31歳
106	宮武慎一	安井建築 設計事務所	hu+gMUSEUM	29歳▼ ▼32歳
116	髙畑貴良志	日建設計	アップル京都	30歳▼ ▼32歳
126	吉田悠佑	大林組	大阪ソーダ 総合研究開発 センター	32歳▼ ▼34歳
148	若江直生	日建設計	京都産業大学 サギタリウス館	32歳▼ ▼35歳
160	興津俊宏	竹中工務店	太陽工業事務所・ 太陽工業御陵通 給油所	33歳▼ ▼35歳
170	下田康晴	東畑建築 事務所	長門市本庁舎	33歳▼ ▼37歳
180	石井衣利子	梓設計	梓設計 本社移転コンペ	32歳▼
189	箕浦浩樹	大林組	Shimadzu みらい共創ラボ	33歳▼ ▼35歳
199	三谷帯介	鹿島	サニープレイス 港島II	34歳▼ ▼36歳

※各節冒頭で示す執筆者の入社年次はプロジェクト進行当時のものであり、現在の年次とは異なります

はじめに

——体当たりで現場に学ぶ。入社10年目までの設計者たち

組織設計・ゼネコンではたらく設計者の仕事

私たち建築設計者には、大きく分けると「独立して活動する設計者」と「組織に属して活動する設計者」がいます。前者には思想や作品性をリードする著名な建築家も含まれ、社会一般にもイメージが共有されていると思います。一方、本書に登場する面々は後者の立場です。組織の一員である私たちは、発注者から〝特定の個人〟ではなく〝所属組織〟に対して依頼を受け、いち担当者としてそのニーズを満たす建築を検討・提案し、実現するのが主な役目と言えます。こうした立場上、私たち組織の設計者が普段どのように設計に向き合っているのかを目にする機会はあまりないのではと思います。

建築設計という仕事の最大の魅力は、自分たちが考えたことが建築として実現し、都市や社会をかたちづくる大きな要素として、他のプロダクトに比べて格段に長い時間残っていくということです。どれもが異なる複雑な条件の下につくられる一品生産品で、そこには程度の差はあれども設計者の思想や個性が建築空間のオリジナリティとして反映されます。私たちが所属する組織が受ける依頼は、ある程度規模が大きく、個人住宅や個人店舗というよりはオフィス・研究所・学校・駅舎・庁舎など多数の人が利用する建

物が大半で、そうした建築は社会に対しても大きな影響をもちます。この代えがたい魅力と、それが多くの人に見られ・体験されるという緊張感に突き動かされて、私たちは「より良い建築をつくりたい」と願いながら日々研鑽を積み、仕事をしています。

〝入社10年目まで〟が意味すること

本書を執筆している「（一社）日本建築協会U‐35委員会（以下、U‐35）」は、関西の組織設計事務所やゼネコン設計部に属する概ね35歳以下の建築設計者が集ったチームです。ところで、なぜ「U‐35（35歳以下）」なのでしょうか？

私たちの職業は、大学院修士課程を修了して就職することが多く、そうすると「U‐35」は〝概ね入社10年目まで〟の時代を指すことになります。この時代を、一番忙しくも一番楽しく働ける時間だと私たちは考えています。学生時代に学び考えてきたことの先に「実務としての建築」という新たな地平が拓かれ、ときに難局に出会い悩みながら、ダイレクトに自らの手と頭をもってチャレンジできる。徐々に仕事の進め方を身につけ、コントロールできるようにもなる。また、本業と並行して、私たちはコラムで紹介するように異分野の同世代たちとの対話・学生との世代を超えた対話・国境を越えた若手建築家との議論など、多面的なアクションも展開してきました。「U‐35」は、そんな若手時代の経験や学びを共有し、所属組織を超えて互いに切磋琢磨できるプラットフォームなのです。若さゆえにフラットな視点をもって率直な意見を述べ合えるこの時代だからこそ楽しめる活動だと思っています。これより上の世代になると、そこには仕事人として、設計だけに留まらないさらに高次で難しい課題と役割が私たちを待っています。つまり「U-35」には、ダイナミックな変化と成長の只中にいる世代ならではの、リアルな思いや試行錯誤があるのです。

〝ローカル〟だからこそ見える建築と社会

また、設計者が多く集まる東京ではなく関西で活動を続けていることも、私たちの特徴です。継続には大きく二つの点でその地域性が関わっていると考えています。一つは、関西が「民によってつくられてきた社会」という側面が強いこと。もう一つは、関西の都市・建築において組織設計・ゼネコンが大きな役割を果たしてきたという歴史です。「U-35」の母体である(一社)日本建築協会は、1917年に大阪で発足し、産学を問わず幅広い建築関係者を結びつける場として百年を超える歴史をもっています。設立者の片岡安や武田五一ら、その後も村野藤吾などをはじめとした関西の建築家と組織人が共にその活動を支えてきました。関西は、明治以降の近代化を官が主導したことから著名な建築家やアカデミズムがリードする東京に比べ、組織設計やゼネコンといった「民間」が建築界をリードしてきた側面が大きいという文脈があるのです。

経済規模が大きく政治の中心でもある東京では、常にあらゆるエリアで開発が行われ、行政や大企業の資本・施策に基づいて都市はドラスティックにつくり変えられます。関西を拠点にする私たちから見る東京は、一人の設計者が向き合える〝都市〟の範疇をともすれば超えてしまう世界屈指のメガシティですが、それに比べると関西は圧倒的に〝ローカル〟です。同じ組織に所属していても、関西のプロジェクトは比較的若いうちから主導しやすい規模が多いとも言えます。また、政治的中心とは距離のある関西では、投じられる資本も限られ、かつ昔ながらの共同体の延長線上に今の社会があり、まちをつくっていくのも自前主義にならざるを得ません。例えば大阪の中心・御堂筋はかつての裏通りを沿道の民間資金を集めて拡幅した道だし、「中之島公会堂」も財界人が私財を寄付して建設したものです。そうした独立心・公共心は、関西の個性豊かな各都市に共通する気質です。そして、協会の活動もこの気質の上に成り立っています。私たちからすると恐れ多いような〝他社の大御所〟の設計者たちも、組織の枠に関係なく若手にチャンスと教えを与えてくれる関係性があります。こうしたローカルな変容の程良いスケールとスピード、横のつながりが、「建築設計という仕事」を設計者が認識しやすい範疇に留めているようにも思えます。

駆け出し期・やりがい期・領域の拡張期 で辿る17人の実務録

そして、そうした土壌で日々建築をつくる私たちの挑戦を記したのが本書です。建築や都市プロジェクトの最前線で働く仕事にどんな思いを込め、どんな壁にぶつかっているのか。17人の設計者の等身大の日常と成長のプロセスを持ち寄りました。

1章「無我夢中の駆け出し期」で取り上げるのは、寸法のおさえ方、素材の使い方、ディテール、コスト、スケジュール……右も左もわからない、苦悩の駆け出し時代としての1〜3年目。

続く2章「難局こそやりがい期」は4〜6年目。基本設計・実施設計・監理とプロジェクトを一回しする経験を経てできることが増える一方、施主・メーカーとの折衝、職人たちとの現場検討と、難しい局面を乗り越えることがやりがいにつながる時期です。

3章は「デザイン領域の拡張期」。自らがプロジェクトの顔として先頭に立つ7〜10年目は、背負うものが大きくなる反面、素材特性や独自の構法を駆使して考える前例のないディテール、あるいはディテールからグランドデザインまでを貫く長期のプロジェクトデザイン、事業性を満たしつつも一歩先の価値などを提案できる力がつき、視野も一気に広がっていく時代です。

組織に所属する設計者たちは、日々建築の前線で試行錯誤しながらも難題に立ち向かい、奮闘し、建築をつくることを通して「まち」をより良くし続けることの魅力と、やりがいを感じています。この仕事の楽しさが、少しでも皆さんに伝われば嬉しく思います。

２０２３年３月　著者を代表して　三谷帯介

目次

はじめに　体当たりで現場に学ぶ。入社10年目までの設計者たち　3

1章　無我夢中の駆け出し期 ―入社1〜3年目― 11

1年目　建築は無数の対話でできている ―皆でつくる学び舎　山本和宏（株式会社昭和設計）　14

1年目　だれよりも早く手を動かす ―駅舎からまちをつくった8年間　粉川壮一郎（株式会社安井建築設計事務所）　24

2年目　「20年先」を提案する設計者になる ―学生が社会と出会うキャンパス　市川雅也（株式会社竹中工務店）　34

2年目　施主のイメージから可能性を広げる力 ―低層住宅街とつながる小さなオフィス　平岡翔太（株式会社大建設計）　45

3年目　コンセプトを見える化してコラボレーションする ―人の交流を誘発する研究所　鬼頭朋宏（大成建設株式会社）　56

座談会①　自分の無知を思い知らされる駆け出し期　64

社会を見つめ、「建築」の領域を拡張する　70

社外活動コラム1　学生と一緒に次世代の空間を構想する　71

2章　難局こそやりがい期 ―入社4～7年目― 73

4年目 先入観を乗り越える楽しさ
――風土に呼応する庁舎　小原信哉（株式会社山下設計）76

5年目 ベテランに支えられつつプロジェクトの舵を取る
――海外メーカーのオフィス　大屋泰輝（株式会社大林組）86

5年目 ミリ単位の調整でアイデアを実現する
――BIMが可能にしたデザインオフィス　出来佑也（株式会社昭和設計）96

5年目 一歩踏み込んだデザインをチームで実現する
――賑わいを可視化するショールーム　宮武慎一（株式会社安井建築設計事務所）106

6年目 工業デザインの精度でゼロから寸法を問い直す
――原寸の2倍でスケッチしたテナントのディテール　髙畑貴良志（株式会社日建設計）116

7年目 ニーズをシーンに変換するユーザーヒアリング
――社員の日常に寄り添う研究所　吉田悠佑（株式会社大林組）126

座談会② 自信を掴みつつ、葛藤も生まれるやりがい期 136

社外活動コラムⅡ まちに飛び出てフィールドワークを行う 143

3章　デザイン領域の拡張期　―入社8～10年目―　145

8年目　前例のないディテールを編み出す　―魅力的な「あいだ」で紡ぐ「まち」としてのキャンパス　若江直生（株式会社日建設計）　148

9年目　計画に潜在する公共性をデザインコードにする　―通りに開いた給油所・財団事務所　興津俊宏（株式会社竹中工務店）　160

9年目　積層型大規模木造のロールモデルをつくる　―社会課題と向き合う庁舎　下田康晴（株式会社東畑建築事務所）　170

9年目　組織のチームプレーを見つめ直す　―社屋移転コンペという転機　石井衣利子（株式会社梓設計）　180

9年目　チームを導くトータルディレクション　―イノベーションが生まれる研究所　箕浦浩樹（株式会社大林組）　189

10年目　事業性を満たしつつ一歩先の価値を提案する　―人工島につくる親密な集合住宅　三谷帯介（鹿島建設株式会社）　199

座談会③　自らの責任のもと、多角的な視野で動ける拡張期　210

社外活動コラムⅢ　時代のニーズを探り、自らまちを楽しむ　218

社外活動コラムⅣ　建築の外側で、業種を超えて社会を考える　220

時代の変化と建築、設計者　222

おわりに　223

1章

無我夢中の駆け出し期

―入社1〜3年目―

1章では、入社して1年目から3年目にかけて、設計チームの最若手として設計に携わった設計者たちとそのプロジェクトを紹介する。設計者にとってこの時期は、「無我夢中の駆け出し期」と呼ぶことができる。設計者はだれしも、建築学生時代に思い描いた建築やデザインの実現を夢見て組織に入社する。しかし、入社後まもなくしてプロジェクトを担当するようになると、建築設計における「実務の壁」に直面することになる。右も左も、何もわからないのである。

図面に描かれた線の意味、寸法のおさえ方、素材の使い方、ディテール、コスト、スケジュール、法規、関係者とのコミュニケーション……。設計者がもつべき知識の幅や担っている役割の広さに唖然として、皆入社早々に挫折を味わうことになる。

夢の実現に立ちはだかる実務の壁を何とか乗り越えようと、駆け出しの設計者たちは苦悩し、もがく。メンターや周囲の関係者に支えられながら、設計者は前進する。

ある者は複雑な造形を実現するための膨大な情報に四苦八苦しながらもまとめ上げ、ある者は現場に入り込み、多様な関係者との関係を構築して協創を行い、ある者は設計全体の流れを掴みにくい長期プロジェクトの中で自分の立ち位置を見出してデザインを実現した。

無我夢中でもがきながら、何とかして思い描く建築を実現させようと奔走する新人たちの踏ん張りに注目してほしい。

1年目

建築は無数の対話でできている

——皆でつくる学び舎

山本和宏
株式会社昭和設計

学び、鍛えられた小学校シリーズとの出会い

教育系の設計チームへの配属後、小学校のプロポーザルチームの一員としてコンペに参加することになったのは、入社から半年程度の研修が終わったタイミングだった。私の親が小学校の先生をしていたこともあり、学校には縁を感じていた。当時、上司の横で業務の一部を担い、言われた作業をこなすことで手一

図1　学校全体が学びの場となる守口市立さくら小学校

杯だったが、四苦八苦しながらつくった提案により設計者として選ばれた時は、本当に嬉しかった。そして設計の一部を担い、自分が設計したものが建ち上がる嬉しさを知った小学校の竣工後、立て続けに同じ市で、［守口市立さくら小学校］（図1）の新築プロポーザルコンペが実施された。新しい学び方や周辺との関係性に対する提案が評価され、再び設計者に選定された。

最初に選定された小学校とともにこの［守口市立さくら小学校］を合わせた2校の設計までの約3年半、そしてさくら小学校の完成後までを含めると約7年間で、多くを学び、鍛えてもらった。

地域の方々と共創する［守口市立さくら小学校］

この小学校には設計時のポイントがいくつかある。①小学校に「さんあい広場（地域の高齢者たちが手芸、園芸、カラオケ、囲碁などで交流する場）」を一体整備すること②交番を一体整備すること③授業参加や外構整備で多くの地域住民が協働・指導でき、地域と小学校が関わ

図2　交番と地域による登下校見守り

図3　地域と児童との協働

れること④既存敷地に建つ公民館が地域住民の学び舎として機能していた経緯を尊重すること、である。このように小学校が地域と深い関係をもち、協働する関係性を通して、児童だけでなく地域住民の学び舎・集いの場として機能し、かつ地域ぐるみで子どもたちの安全を見守ってきた土壌があった（図2、3）。

学校の内外で多くの人と協働すること

入社前は、建物のデザインや考え方・機能を突き詰めることが設計という仕事だと思っていた。しかしその背後には多くの関係者との折衝や調整があることを痛感したのが、このプロジェクトで実施した市民ワークショップだった（図4）。今の小学校が抱える課題の一つは、先生の仕事量の多さや教える内容の多様化・専門化だ。今後は地域の方も自身の専門分野を活かして先生となり、共創する場となることが求められる。そのため設計時から、先生だけでなく地域の方々とのワークショップを重視した。地域との協働・地域ぐるみの指導を実践するために、どのような場が必要か、今後どのような地域の学びの場を望むかについて、共に考える機会をつくることが狙いだった。加えて、参加者全員が「自分たちの学校」という意識をもち、完成後も積極的に関わってもらう土壌をつくることも、このワークショップの重要な目的であった（図5）。

初対面が多いなかでも皆が委縮せず、楽しく気軽に意見を言いあえる場になるよう、お菓子やジュース、だれもが新しい学校をイメージしやすいように模型やパースを準備して迎えた当日。様々な人との協働の経験をもつ上司は、参加者の皆さんに話を振ったり、引き出したり、話の焦点を当て直したりと場の空気を読んで瞬時に対応し、見事に場をつくり出していた。一方新人の私はなかなかうまく立ち回れず、終わってから疲労感とともに悔しさを少し感じていた。

設計という仕事は、建物が完成するまでに必要だと思っていた何倍もの人・情報との関わりでできている。設計チームの中でも、特に意匠担当は、諸々の調整役を担うことが多い。このプロジェクトではワークショップも含めて、多くの場面で人との対話能力の必要性を思い知ったのだ。

図４　ワークショップの風景

図５　ワークショップでも議論したハレの場として活躍するメディアホール

木造化で実現した学び舎の継承と発展

敷地を初めて見たときに象徴的だったのが、樹齢100年を越える3本のクスノキの大木だった（図6）。校内にはクスノキをはじめとするみどり豊かな環境が形成され、都心部ながら自然に囲まれた学習環境が利点だった。そこで考えたのが、学校内部だけでなく、自分たちで考え実践・体験する場として、クスノキを活かした屋外空間をつくり、学校全体が学びの場となることだ。クスノキの大きな木陰の下で、静と動の二つの活動が広がる広場を設け、屋外空間も豊かな学びと生活の場となるべく、設計を進めた。

さらに内部でも自然や木を感じ、校舎全体を木に包まれた空間にしようと、校舎の木造化へ舵を切った。この木造化が、私を含め多くの関係者の四苦八苦の始まりであることは、後になってわかる。

図6　クスノキの周りには様々な活動があふれ、内部と一体的に利用される

都市部における木造建築物の設計例は社内でもそれほどなく、すべてが手探りであった。さらに建築基準法への適合を確認してもらう市の審査課の方々も、大規模木造の審査はそれほど経験がないとのことで、参考事例などを共有しながら何度も打合せを行った。結果的には、審査課の皆さんも設計チームの一員かのように、法規の解釈を共に考えてくれることに。「守口市の誇りとなり、恥じない建物にしたいですからね」と嬉しい言葉もかけていただいた。

木造化で実現した学び舎の継承と発展

設計も苦労の連続だった。空間の性質、周辺環境、要望、法規、構造形式、設備。言葉で書くと、大学の設計課題でも指摘されることであるが、実務で直面するとそれぞれの言葉に多数の変数が含まれており、すべてを満たした解はそう単純に見つからないことを思い知った。

前述した既存のクスノキの間を縫うように建物を建てる必要があったため、かたちは整形ではなく、自然と多種多様な活動が表出した複雑なかたちとなった。特別教室や普通教室など各特性に合わせて隅々まで空間の質を変え、どこでも学び始められるような、ワクワクする空間を目指した。様々なひと手間を惜しまなかったのは、児童が楽しく学び、それぞれの場所で思い思いに活動できる場を生み出すためだ。その複雑なかたちでも法規に適合するよう、上下階で同じ位置に構造材や耐力壁を通し、かつ一定の面積内で防火区

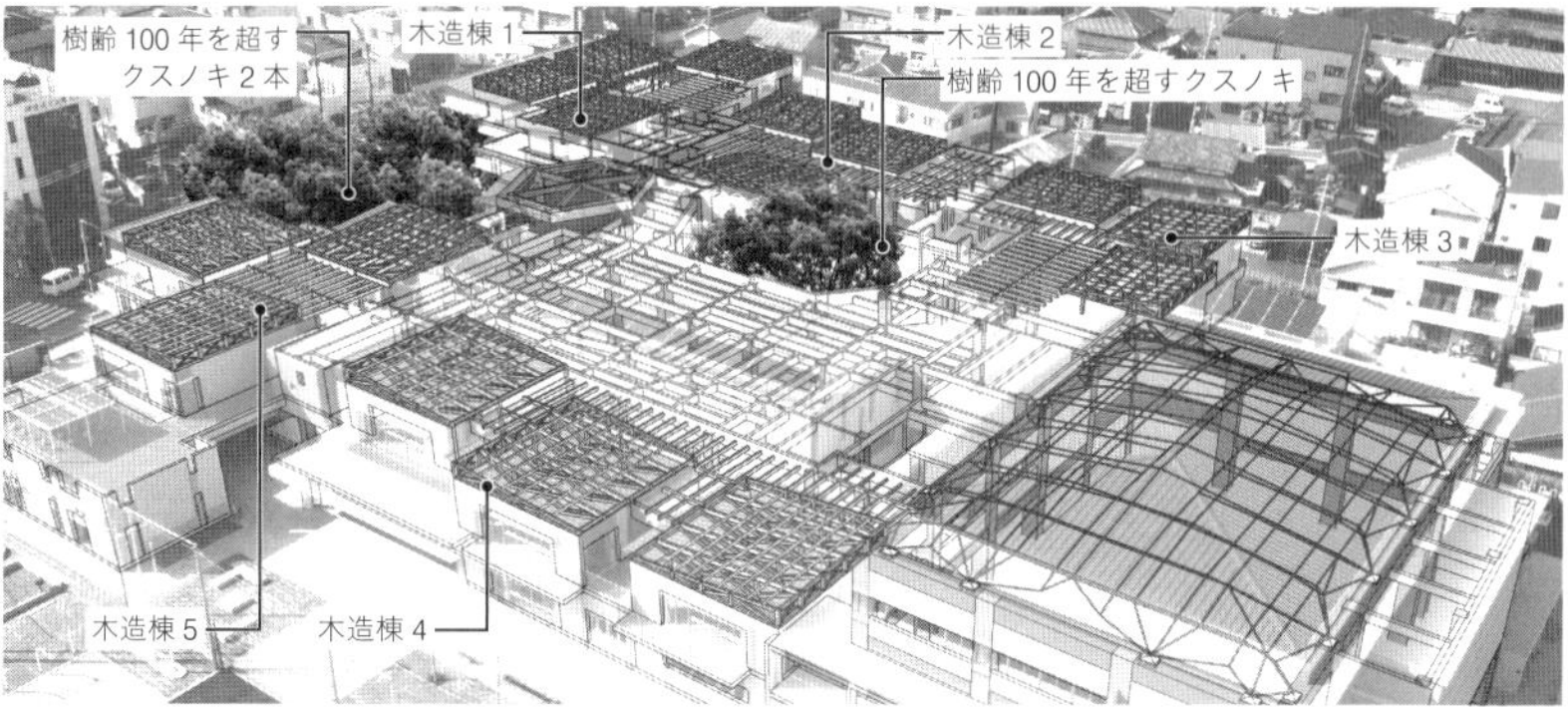

図７　多くの調整を行い、完成した木造と鉄筋コンクリート造の構造イメージ

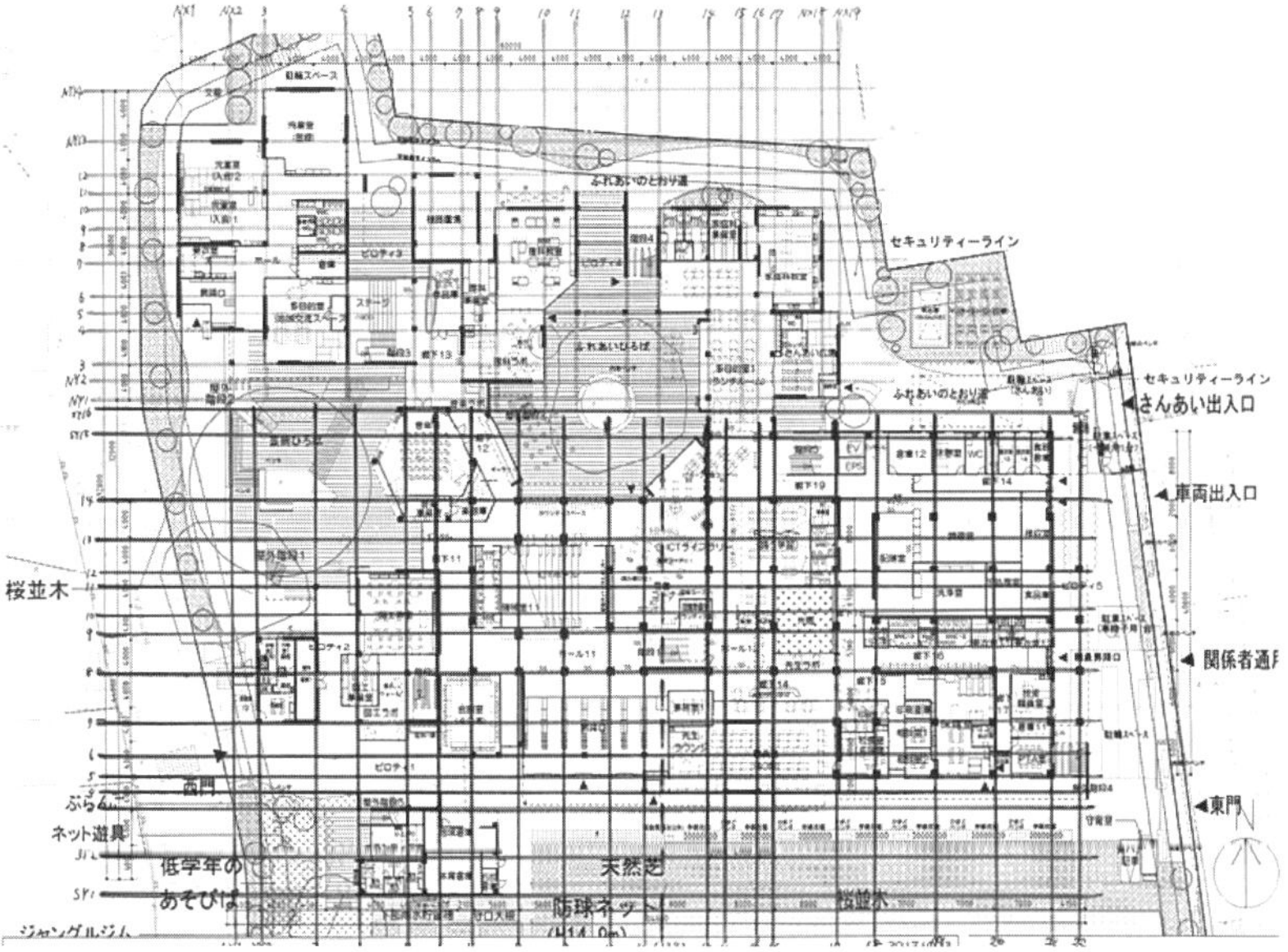

図８　構造担当者と通り芯を考える際の打合せ資料

画を設ける必要があった。だが、彼らがワクワクしながら学べるシークエンスをつくろうとすると、上下階の柱や壁がうまく通らない。構造担当者と何度も打合せを重ね、法規・構造・機能すべての最適解を探した（図7、8）。それが面白くもあり、醍醐味ということもあるが、当時はすべてが手探りで、先輩や後輩と共に夜遅くまで悩み続ける時期もあった。

完成後のまぶしい児童の姿

現場では刻々と作業が進み、巻き戻しはない。そのため、その時々の対話の場でしっかりと話し合い、齟齬なく共有することが大切である。自分が主担当として見る初めての大きな現場だったが、毎週現場を訪れるたび、建物を建てるために100人を超える人が同時に工事をしている姿を見て圧倒された。これだけ多くの人が関わることで建物はようやく完成するのだと、当たり前のことに改めて驚いた。週2回以上通うようになると、職人さんたちとも直接話ができる間柄となり、「今週はこの辺りを仕上げておいたから見ておいて。よくできていると思うから」と教えてくれるように。それぞれが誇りと気持ちをもって仕事をし、皆で建物をつくっていることを再認識した。そのような大勢の人と共に進めている意識、そして対話と共有の機会を多く持つことは、このプロジェクトの後も毎回心掛けるようになった。

完成後も学校にはよく訪れている（図9）。児童が楽しそうに建物を使っている姿を見ると、本当に報われたという気持ちになる。大学での課題は設計をすることが楽しかったが、実務は皆で協働して建物をつくりあげ、実際に完成した建物が使われるという、また異なった嬉しさがあることを知った。人と人がつながる場を設計する。建物に限らず協働、対話の場でつなぐこと、それも設計者の仕事だと思うようになった。

山本和宏（やまもと・かずひろ）
1989年岡山県生まれ。2014年首都大学東京都市環境科学研究科修了後、株式会社昭和設計社勤務。交流施設や学校などを担当。［某小学校］［某商工会議所］を設計中。執筆中に守口市3校目となる小学校に新たに携わることが決まった。

図9　様々な学びや活動が行われ出した共用部

1年目

だれよりも早く手を動かす
——駅舎からまちをつくった8年間

粉川壮一郎
株式会社安井建築設計事務所

「新たなまち」が生まれる

2015年に入社1年目で最初に担当することになったのが、[長崎駅]の建替えプロジェクトであった(図1)。立体交差化事業により、頭端式ホームの地上駅舎を高架駅として西側に移転し、同時に西九州新幹線の新駅を建設するプロジェクトである。当初は先輩社員と担当していたが、その後主担当として必死にまとめ上げた思い入れのあるプ

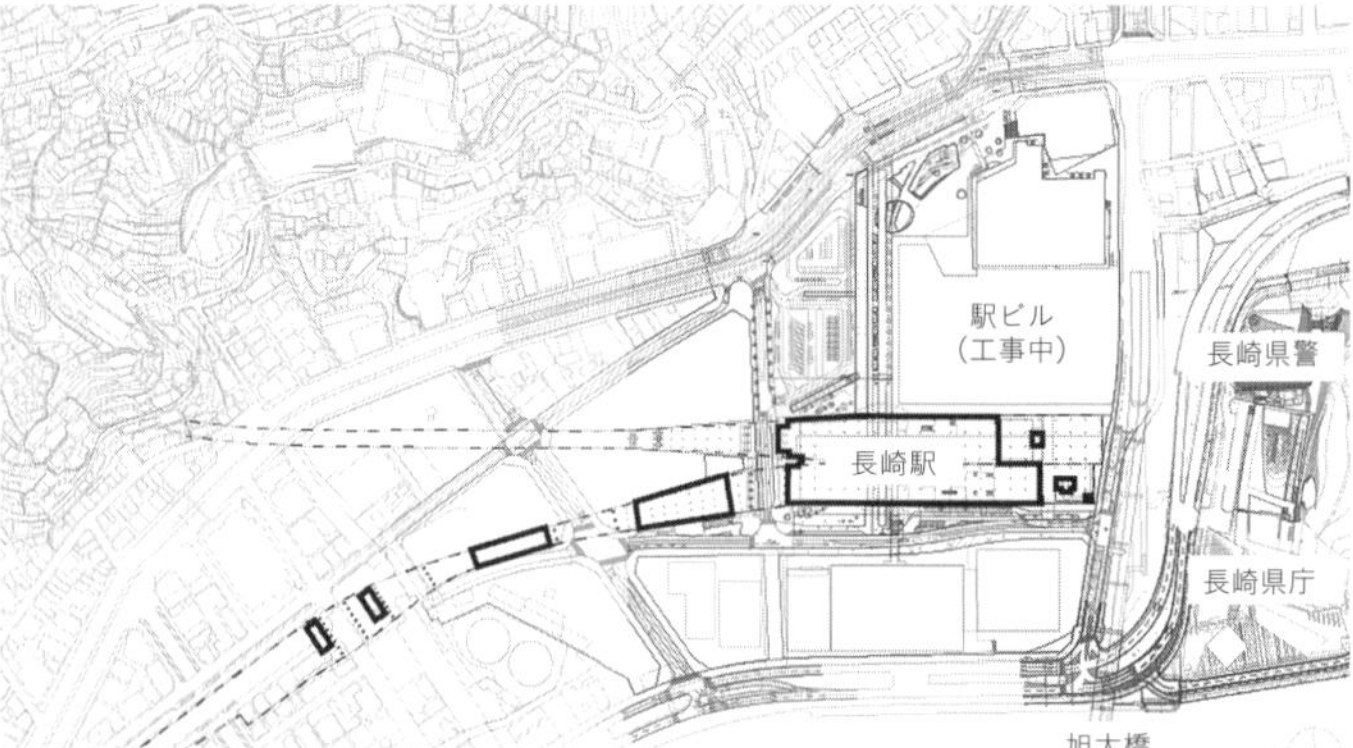

図1　周辺配置図と担当 PJ

図 2　時系列に沿った工事状況写真

ロジェクトだ。2018年には同じ高架下で商業施設の計画もスタートし、引き続き担当することになったため、計画から完成まで8年を要することになった。

最初に現地を訪れた際、計画地はまだ駐車場と車両基地であったが、そこから高架ができ、道路ができ、駅舎ができ、そして現在隣接した場所に駅ビルができていく様はまさに「新たなまち」が生まれる様子そのものだった（図2）。初めての大規模なプロジェクトで手探りではあったが、日々仕事に没頭した。

自分の仕事と言えるように

入社してから数年は担当したプロジェクトを自分の仕事と言えるように必死であった。「若い間はとにかくスピード感を磨くことが大切。手が遅いと上司に先に絵を書かれてしまい、そこから先はドラフトマンになってしまう」と教育担当の先輩から常に言われていた。経験の浅いなかで自分だからこそできることを模索し、ダイアグラムの作成や手書きのスケッチをフォトショップで加工を行うなど図面以外の様々なプレゼン手段によって社内で上司に説明していた。そうした積み重ねによって任せてもらえる範囲が増え、自分の仕事と胸を張って言えるようになる。また、わからないことに対して、自身で既往の類似プロジェクトを研究するなど、施主の前に立った時にも建築のプロと見てもらえるよう、努力を惜しまないことが大切だと考えるようになった。

長崎駅は2016年3月に策定された「長崎駅舎・駅前広場等デザイン基本計画」に基づいてスタートした。施主のみならず、長崎県・長崎市など様々な関係者と打合せを重ねながら設計を進めた。今回の設計で特に重要視した三つのコンセプトに沿って、自身がどのようにプロジェクトに関わっていたか説明したい。

長崎の新たな風景となる大屋根

長崎駅の特徴の一つが新幹線と在来線のホームを一体的に覆う大屋根である。二つの駅舎を同時期に設計したことで一体的なデザインの大屋根を計画できた。屋根材には整備新幹線の上家では初めての採用となる膜屋根が採用され、長崎の自然光を感じることができる。新幹線の上家は海に向かって3次元的な躍動感のある形状をしているが、その形状決定は最も難航した（図3）。64通りの大梁が連続して美しく見えることが重要であり、さらにコストや施工性の観点からも、なるべく単純な形状で合理化させることが求められた。そこで社内のBIM部門と協働して、コンピューテーショナルデザインによって形状の検証を行うことになった。模型やモデリングソフトを使用した検討など、学生の頃から行っていた方法では、部分的な形状の検証や全体的なフォルムの確認は行えるものの連続した形状の微調整ができない。BIMは入社して初めて使用することになった不慣れなツールで最初は手こずったが、結果的には高校で学習す

図 3　初期の検討模型

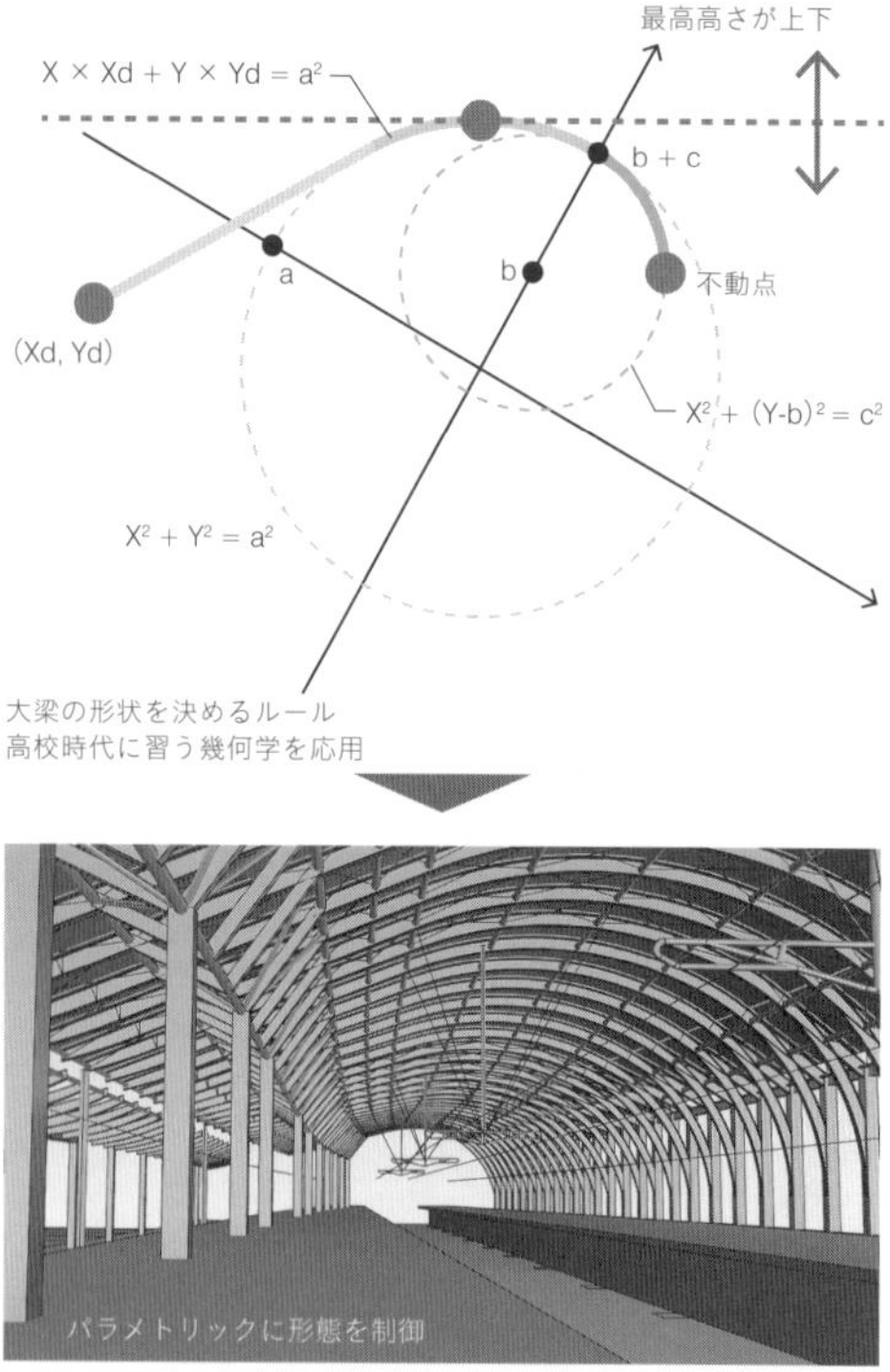

図 4　単純化されたルールと BIM による検討

る幾何学を用いることで複雑な形状を直線部材と二つの曲率の曲線のみで成り立たせるという単純なルールに漕ぎ着けた（図4）。さらにこのルールに「梁の最高高さ」を変化させるパラメーターを設定し、場所によって高さを変化させることで合理的な形状でありながら、連続的な美しさのある形状を実現することができた（図5）。自身の提案だけでなく社内のBIMを専門に扱う部門と協働することで実現したこの形状決定は、入社まもない時期から建築のプロジェクトはチーム力が大切なのだと確信できた、貴重な経験となった。

「長崎らしさ」を体現する素材のリサーチ

大学時代は都市計画を専攻していた。どんな

図5　完成した屋根（提供：JRTT 鉄道・運輸機構）

プロジェクトに関わるときも、都市と建築、都市と人の関係を学んできた知識や経験を実践的に活かしたいと思っている。[長崎駅]でもその機会に多く恵まれた。

コンコース空間は訪れた人々が「長崎らしさ」を感じる空間を目指し、長崎の歴史や文化をリサーチし、実際にまちや歴史的な建物を巡り歩いた。諫早石と呼ばれる砂岩調の地域産石材が有名だが、観光客が訪れるレンガ造りの建物や教会のみならず、まちなかの石畳にも多く使われていることなどは、現地を歩いて初めて気が付いた。そうした調査を経て、どのような素材が「長崎らしさ」を表現する上で最適かを議論し、決定していった(図6)。学生時代に行っていたようなリサーチ活動が実務でも有効なことを強く実感した。

図6　石畳をイメージした床材

まちとのつながりを生む広場とのつながり

駅はまちへの「陸の玄関口」であり、最初に訪れた人々を迎え入れる場所であると同時に駅を起点に最初にまちとのつながりをつくる場所でもある。都市計画上でも、駅前広場と駅舎は東西方向の都市軸上にあり、柵外コンコースでつなぐことは決定していた。私たちはさらに、設計する駅舎がまちに対してどのような振る舞いをすることで、広場とつながりを生むことができるか考えた。

つながりを考える上で最も重視したのは、スケール感であった。学生時代の恩師にも、建築を考える上で重要なことは「詳細な細部のディテールだけでなく、時には鳥の目になって建築を俯瞰してみること。両方のスケールを横断して考えることが重要だ」とよく言われていた。駅舎という都市的なスケールの建物はアイレベルで圧迫

図7　ショーケースが連続する立面

感を与える可能性が高く、ヒューマンスケールでまちに馴染むような工夫ができないか考えた。上司とデザイン検討を繰り返し、柱型をファサードに出すことでボリュームを分節したデザインとし、柱間には出窓を設けてショーケースのように情報を発信できるようにした（図7）。この出窓は、身体スケールに落とし込む役割や情報発信機能だけでなく、法的に必要な窓や職員の出入口を上手く納めるという機能も両立させている。基本設計時から完成まで変更が発生しない、強度のあるデザインである（図8）。そうした設計の作法を上司から学べたことも、貴重な経験となった。

駅は、地元住民や観光客など様々な人が利用する公共施設だ。だからこそ駅舎の設計で一番重要とされる課題は、利用者の安全を守ることである。ここまで詳しく触れてこなかったが、実際の

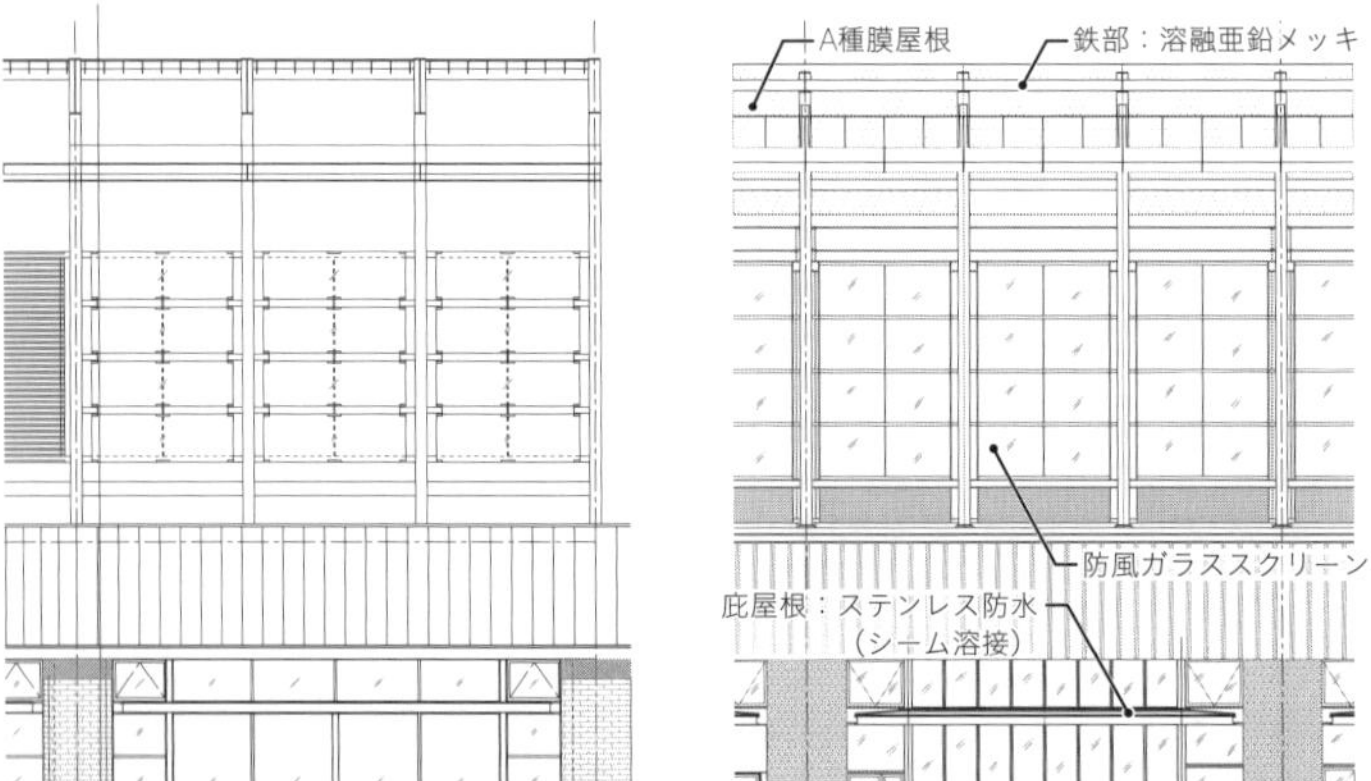

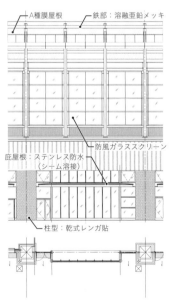

図8　基本設計のスケッチ（左）と実施設計（右）

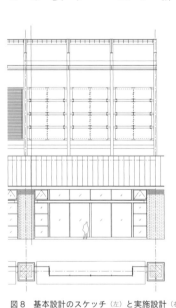

設計業務でも落下対策を考慮したレンガタイルの支持方法や列車の振動や漏水を考慮した天井材の選定など、常にシビアな安全性能を満たすことが求められた。だが今回の計画では、安全なインフラの一部を設計するだけでなく、まちの一部として、観光都市の駅舎としてふさわしい建築になるよう、様々な提案をかたちにできたと思っている(図9)。公共施設の設計は学生時代からの私の大きな夢でもあったが、これからはこの建築が、多くの方々の夢を叶えるための人生の出発点になってくれると嬉しく思う。

粉川壮一郎(こがわ・そういちろう)
1989年岡山県生まれ。2015年神戸大学大学院修了後、株式会社安井建築設計事務所入社。現在同社設計部主任。官庁系のプロジェクトやオフィスを主に担当し、現在は関西の[某市役所][某研究拠点施設]を担当している。

図9　観光都市にふさわしい駅舎（提供：JRTT 鉄道・運輸機構）

2年目

「20年先」を提案する設計者になる
——学生が社会と出会うキャンパス

市川雅也
株式会社竹中工務店

歴代設計者のバトンをつなぐ

大学の設計課題でも卒業設計でも、建築を通して場所の歴史と対話することを心がけてきたが、仕事で向き合うそれはリアリティが格段に違う。入社してすぐに担当した「武庫川女子大学公江記念館」のプロジェクトではまさにそのことを思い知った（図1）。私の所属する設計部は、施主である学校法人武庫川学院と共に50年以上もの間、キャンパスをつくり続けてきた。

図1　shared studios

そこに「新しい建築」をつくることは、次の時代へバトンを渡す役目を任されたということだ。何世代にもわたる設計者がいて、施主は各年代の設計者とキャンパスの理想像を語り合い続けてきた。入社して間もない私が一番驚いたことは、施主が過去の建物を語るとき、必ずセットになって設計者個人の名前が出てくることだった。対話の集積が建築としてかたちに残るだけでなく、施主の思い出として心にも残っている。良い大学をつくるために本気で向き合ってきた先輩たちの大きな熱量があったからだと感じた。なんと面白い仕事だろうと、ワクワクしていたことを思い出す。建築をつくったことがない新米設計者だった私も、次の世代にバトンを渡す役目を任された設計チームの一員として、プロジェクトに参画することになった。設計チームは入社3年目の私、主担当である10年上の先輩、その上でグループリーダーがマネジメントするという3人体制であり、その他構造・設備担当含めて私が最若手である。

社会と学生をつなぐプラットフォームとしてのキャンパス

武庫川女子大学は、10学部17学科、学生数8000人を超える日本一の女子総合大学である。2019年、創立80周年を迎えた大学は、創立100周年となる2039年を見据え、女子大学を飛躍発展させるプロジェクト「MUKOJO ACTION 2019–2039」をスタートさせた。本プロジェクトは、経営学部新設に伴う新校舎建設計画であるとともに、次の100周年に向けての教育改革のベンチマークとなるプロジェクトである。私が入社した2016年以降の2〜3年間をみても、人々がキャンパスやオフィスに求める環境は目まぐるしく変化した。学びの伝統や長い時間をかけ育んできたキャンパス空間を継承する一方で、求められているのは社会と学生の間を取り持つプラットフォームとして、現代社会の要請に即応できる柔軟性だ。これからの大学キャンパスは、20〜30年後、さらに社会課題が複雑化・多様化しても、常に新しい価値を生み出し続けられる学びの場であってほしい、という施主との共通認識のもと、プロジェクトは始動した。

出会いの機会を最大化する建築

大学は学ぶ場でありながら、出会う場でもあり、何かを発見できる場だ。ある日「女性ならではの将来的なライフステージの変化にも柔軟に対応し、社会で活躍できる女性を育てたい」という先生の思いを伺った。日本最大の女子大学として社会で活躍するたくさんの卒業生がいることは、間違いなくこの大学の強みであり、多くの諸先輩や友人との交流を通して、多様な価値観を育成する機会を提供できればと考えた。SNSの普及で多くの情報を仕入れることができるようになったが、リアルな場での臨場感に勝るものはない。卒業した後も、結婚、出産・育児、家族の介護と多様なライフステージの折々に、学び舎に帰って来ることができる場所をつくることは、学生のみならず、卒業生にとっても次のステージへの足がかりとなるはずだ。この建物に来れば毎日新しい発見がある「出会いの機会を最大化する建築を考える」

――これが、教員の皆さんをはじめ、プロジェクトに関わるすべての人の共通目標となった。目標が一つに定まると、建物の構成をゼロからつくりあげる作業が始まる。私にとっては、日々すべての仕事が初めての実務作業という緊張感と昂揚感のなかでできあがった建築が、「知」を共有する立体ワンルーム -shared studios- だ（図2）。

壁のない新しい学び舎・既存教育ユニットの解体

計画したのは、日常的な空間共有により他者の「知」を自分の「知」に咀嚼できるよう、学習空間を積層させ、吹抜けとエスカレーターで緩やかにつなぐ立体ワンルームの学び舎（shared studios）である。また、スタッキングの仕方にも工夫を凝らした。集約配置されることの多い研究フロアと演習フロアを交互に挟みこんだ。「2コ1ユニット×3の建築」により、学年・コース・学部といった固定化されたコミュニティを越え、新たな刺激や交流を促すことにチャレンジした。2層とばしのエスカレーターによって隔

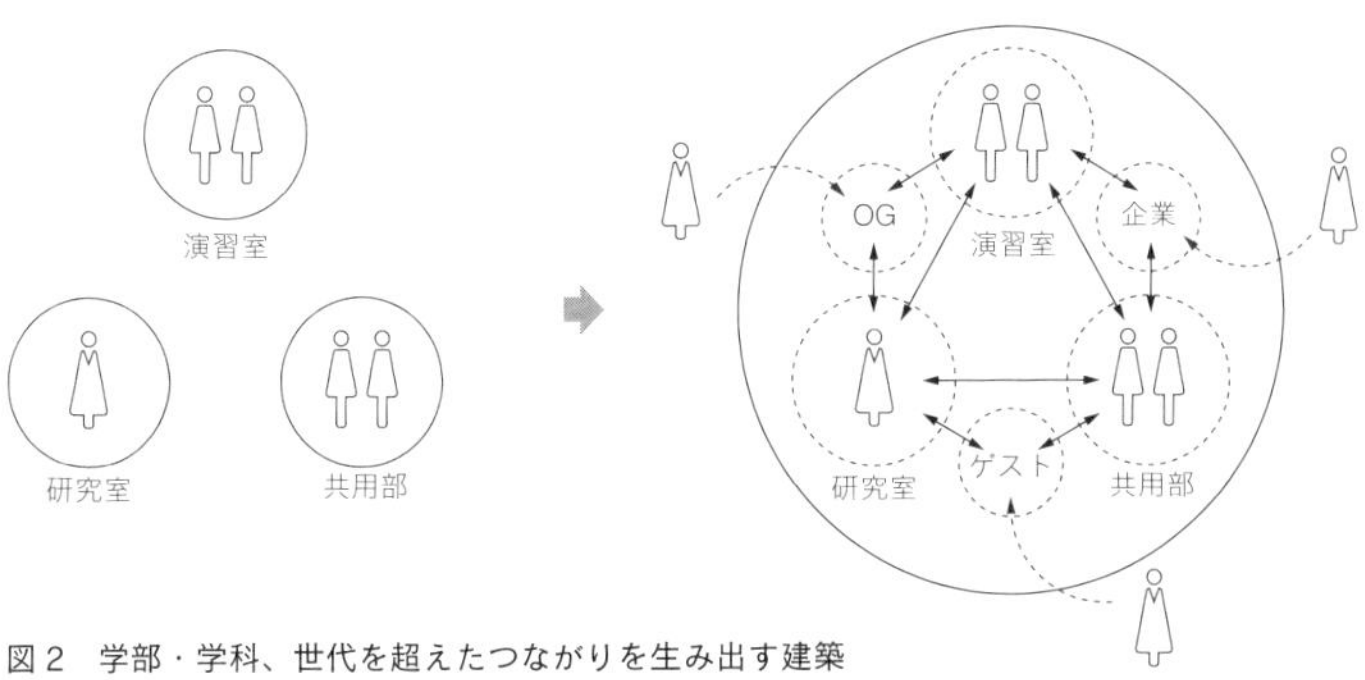

図2　学部・学科、世代を超えたつながりを生み出す建築

階の動線を分離することで、学習の種類に合わせてプライバシーを確保しながらも、階ごとの活動が緩やかにつながりあう関係性、交流のチャンスをつくりだしている（図3）。

さて、ここまでは実現できたことを述べたが、その裏には冒頭に述べたリアリティの壁がある。エスカレーターが着床しない階があったら不便では？　研究室はまとまっていた方が便利では？　壁がなくて授業ができるのか？　懸念点は挙げだしたらキリがない。新しいことに挑戦することはこんなに多くの人を説得しないといけないのか。目指す方向が間違っているのではないかと、不安になることもあった。

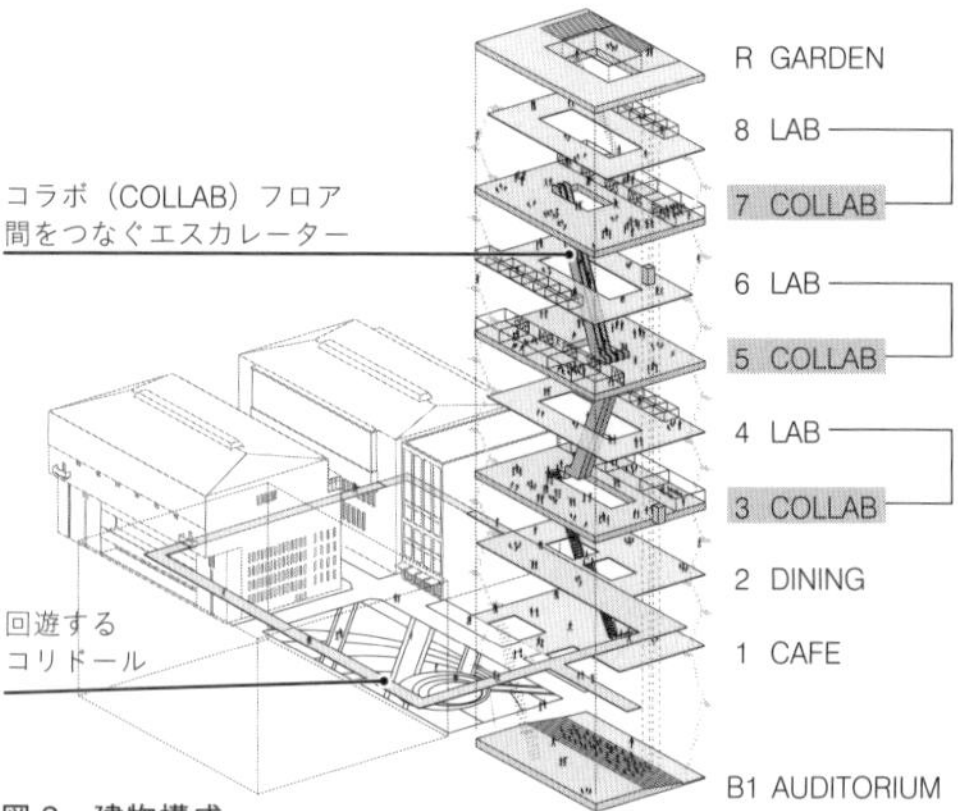

図3　建物構成

相手を知る

当時私は、つくり手の論理、使い手の論理、施設管理者の論理など、四方八方から出る意見に対して必死に向き合ったが、なかなか理解は得られない。そんな私を見て、上司がある日の飲み会で「設計者は常に20年先の未来を見るのが仕事だ」と言う。建築は設計している時間より、建ってからの時間の方が遥かに長い。その間に時代も変われば、求められるものも変わる。時代の変化を読み解き、施主に成り代わりその分野のプロフェッショナルの1人として向き合うことで、真のニーズを掴むことができる。建築だけでなく大学教育そのものと向き合え、という上司からのアドバイスだった。

それからは設計実務の勉強をする傍ら、教育理念や各学部の特徴や他大学との比較、時には当時大学生

図4　活動を見渡すことができる中央吹抜け
（撮影：ナカサアンドパートナーズ）

図5　教員でシェアするキッチンカウンター

の間で流行した雑誌を読んでみたりした。相手のことを知り、対話する。すると同時に、プロジェクトの進み方にも変化が起きた。駆け出しの私は、すべての人が納得し満足のいく回答を出そうとしてしまっていたが、決めごとの多い建築は時に取捨選択を迫られる。例えば吹抜けの手摺を決める時には、見通しよく活動を見せるためにガラスを使いたいが、女子大学特有の視線の抜けの観点では透明度が低い素材を希望される。そんな時、「今回は出会いの機会を最大化することが大事なんですよね。それだったらガラスにしましょう」と背中を押してくれる先生がいた

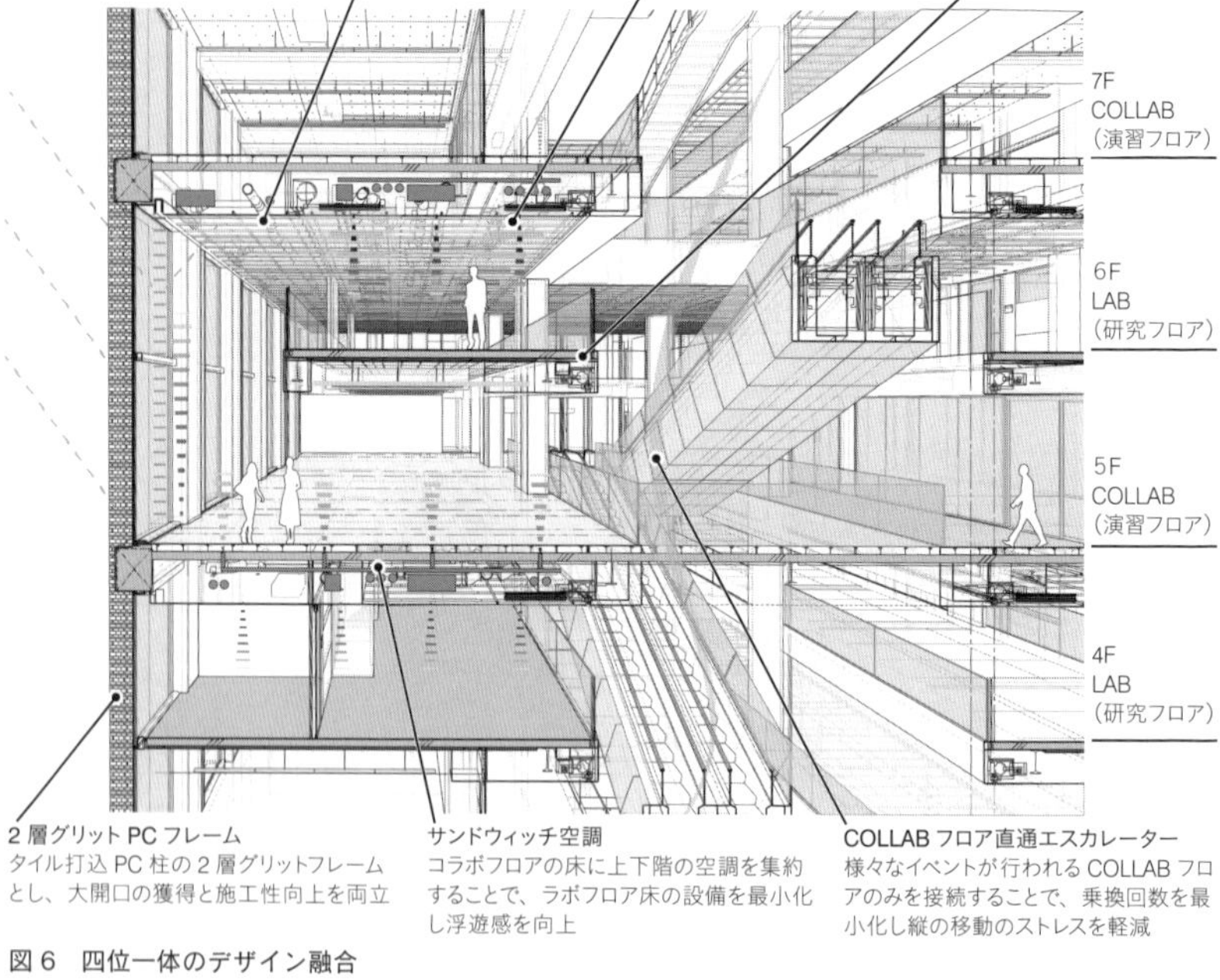

電動ブラインド
ライトシェルフの役割を果たし、メッシュ天井が光を拾うことで面全体を明るく演出
空調・照明 AI 制御
AI 制御により、気積の大きい空間でも快適な温熱光環境と省エネを実現
メッシュ天井
照明・空調設備を隠蔽することで天井のノイズをなくす
吊り構造
気積の大きい空間の中に、挿入されたメザニンような浮遊感を演出
7F
COLLAB
(演習フロア)
6F
LAB
(研究フロア)
5F
COLLAB
(演習フロア)
4F
LAB
(研究フロア)
2 層グリット PC フレーム
タイル打込 PC 柱の 2 層グリットフレームとし、大開口の獲得と施工性向上を両立
サンドウィッチ空調
コラボフロアの床に上下階の空調を集約することで、ラボフロア床の設備を最小化し浮遊感を向上
COLLAB フロア直通エスカレーター
様々なイベントが行われる COLLAB フロアのみを接続することで、乗換回数を最小化し縦の移動のストレスを軽減

図 6　四位一体のデザイン融合

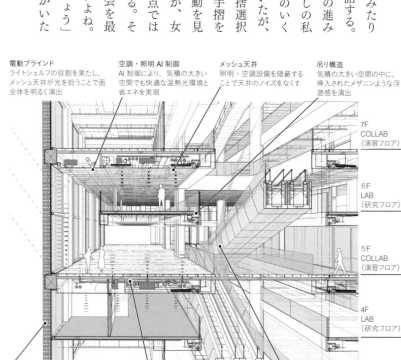

（図4）。また、個人研究室は20㎡という大学の慣例があるなかで、シェアできる機能を探すことで個人研究室は約12㎡と小さくし、代わりに豊かな研究室ラウンジの設置を実現できた（図5、6）。これらは設計者がやりたいと言って実現できるものではないし、プロジェクトに関わった方々の覚悟があって実現しているものである。対話のなかで生まれた共通目標に立ち返り、それが指し示すものを皆で軌道修正していくプロセスがあってこそ、同じ方向を向くことができる。するとその取捨選択にも納得が生まれていく。「何を表現するか」の前に、「相手を知る」ことから始める。入社して7年目を迎える今でも私が最も大切にしていることだ。

プログラム・計画・設備・構造のデザイン融合

もう一つ大きな学びとなったのは、設計者はチームメンバーからも常に一貫した設計思想を問われている、ということだ。基本設計が始まったころ、プロジェクトチームで最若手だった私は、構造・設備設計者との調整自体が初めてで、そこで「お前は設計者として何がしたいのか」と何度も問われることになった。どんな時もデザインとエンジニアリングの橋渡し役を担うのが設計者の責務であり、そこに年齢や経験は関係ないことを痛感した。私は、①広場のように気持ち良い空間をつくる　②8階建てと聞いて上の階まで行きたがる学生はいない、この二つの観点を軸に、「2層空間が1セットであり、それが三つ積みあがった建築である」というコンセプトを強調した。そこから話は進む。中間階は軽く浮いたメザニン（中

2階）のように見せるため吊り構造とし、設備も中間階を挟み込むような空調計画とすることで、軽快さを高めていく（図6）。空のように気持ち良い天井を目指して空調や照明は徹底的に存在感を消す（図7）。設備・構造共に原理があるが、自らもエンジニアリングを理解することで、飛躍的にデザインの解像度が高まっていく過程は刺激的だった。

図7　ノイズを消すディテール
（撮影：ナカサアンドパートナーズ）

先輩と作業所、職人の会話

着工してしばらく経つと別のプロジェクトチームに異動となり、このプロジェクトを離れることになった。途中で離れる悔しさはあるが、組織運営上仕方ないことでもある。離れたその後も、何度か現場に行く機会があった。先輩と現場を回っていると、ある職人が「こっちの方が光の反射がきれいに見える」と言いながらエキスパンドメタル天井の傾きを微調整していた。図面には現れないような微調整であり、先輩から特に修正指示を出しているわけではなかった。確かに天井は自然光をうまく拾い、美しくなっている（図8）。職人が誇らしげに先輩に話している姿が印象に残った。

先輩と「空のようにきれいな天井をつくりたい」と設計したエキスパンドメタル天井だが、現場との地道なやり取りの積み重ねによって実現に近づけていく過程は、常に設計者の本気度が試されている。現場からすれば手間もかかり、精度を出すのも難しかったはずだ。光を拾うとなればより粗は目立つ。照明や空調もすべて天井内に納めたため、照度が取れるのか、下地の影が出ないか、メンテナンスができるかなどの不安も残る。それを一つひとつ検証し、モックアップを作成しながら改善していくのだ。あの現場でのやり取りは、作業所や職人が設計者の思いを受け取り、実現に向けて知恵を絞ってくれた結果だろう。1分の1のものづくりには設計図には現れない現場での無数の調整と、職人の粋な計らいがある。それが建築の全体の完成度を高めている。良い建築とは、つくり手が愛着をもてる建築であることを学んだ。

図8　エキスパンドメタル天井（撮影：ナカサアンドパートナーズ）

使い手と設計者の見えない対話

竣工後、コロナ禍という予想していなかった出来事が起きた。授業の大半はオンラインになり、行動が制限される状況が続いた。ある日この建物を訪れると、予想外にたくさんの人に使われていて驚いた。壁のない空間を活かして、フロア全体を使った授業。ソファ席でオンライン授業に参加する学生。ゲストをオンラインでつないで行うゼミ活動。気持ち良さそうに寝ている学生もいる。建物を使いこなそうとする教員の皆さんの熱意や、自分の居場所を見つけて過ごす学生の姿がいたるところに見られた。使い手にとって設計者は見えない存在であるが、使われている風景から、見えない対話ができた気がした。建物をさらに活用するための学生団体もできており、今後、この建物がどのように使われていくか今から楽しみで仕方がない。

設計者として一つの建物に携わる時間は、建築の一生に対してとても短い。だからこそ建物を使う人に愛着を持ってもらえるような建築づくりの時間を大切にしていきたい。

市川雅也（いちかわ・まさや）
1991年愛知県生まれ。2012年豊田工業高等専門学校建築学科卒業、2016年立命館大学大学院理工学研究科環境都市専攻修了後、株式会社竹中工務店勤務。「御堂ビル改修」「茨木市文化・子育て複合施設　おにクル」などを担当。現在は大学キャンパスの設計に携わりながら、地域環境をつくるストリートデザイン計画など、建築に留まらない設計に取り組んでいる。

2年目

施主のイメージから可能性を広げる力

——低層住宅街とつながる小さなオフィス

平岡翔太
株式会社大建設計

支店長からの三つの要望

建物をつくるのは設計者だが、まちとつながるいきいきとした建物を実現するのは施主だ。これは私がこのプロジェクトを通して感じたことで、入社間もなく実務に対して新たな価値観が生まれた出来事だった。初めて施主の前に出て対外的な打合せの進行なども務めながら計画・設計を担当したのが、「S社支店事務所」という入社2年目のプロジェクトである（図1）。

図1　談話を楽しめるCM室

支店事務所の移転計画で、旧支店事務所は比較的小規模で運営され、約50人の社員がアットホームな環境で業務を行っていた。計画を進めるなかで、施主である支店長から三つの要望をいただいた。一つ目は社員が一堂に会し談話を楽しむことができる場、かつ普段は打合せに使うことができる「コミュニケーション室（以下、CM室）」をつくること。二つ目は来客がアプローチしやすい配置計画にすること。三つ目は、華美にならず使いやすい建物にすること。いずれにしても社員思いで人間味あふれる支店長の人柄や、堅実な企業であるS社の理念が現れた要望であった。これらの要望が、単なる機能的な容れ物としてのオフィスではなく、建物とまち、人と人とのつながりを生み出すオープンなオフィスを実現するきっかけとなった。

学生時代に考えたこと、実務をやるということ

学生時代に建築計画を研究していたこともあり、建物のプライベートとパブリックの関係については兼ねてより興味があった。プライベートとパブリックの関係とは、まちと建物の関係、建物と居場所の関係など様々であるが、それらが緩やかにつながる空間構成であれば、人々が流動的に活動できる場が生ま

図3　まちとつながるコミュニケーションガーデン
（撮影：エスエス大阪支店／内山雅人）

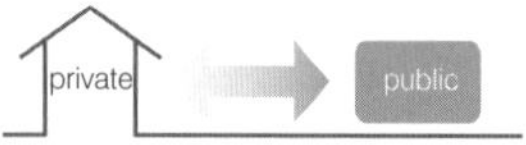

図2　プライベートとパブリック

れる（図2、3）。当時はまだ経験の浅い年次だったが、この物件でもどこかでその概念を活用できるのではと考えていた。一方で、実務においてはそのような概念だけで魅力的な空間は実現できない。具体的な材料や寸法、納まりが伴わなければかたちにはならない。前半に記述する基本計画（配置・ゾーニング）では、学生時代に考えたことをベースにして、施主と共にイメージを膨らませ要望を整理した。後述する設計（各部具体化検討・図面化）では、それらのイメージをかたちにするため手探りで苦悩しながら図面をまとめていった。

ヒューマンスケールな街並み（堺市浜寺石津町）

計画地は、幹線道路から1本入った狭い道路に接道しており、奥行きの深い敷地である。低層住宅や工場などの中小規模建築物が集積したヒューマンスケールな街並みだ（図4、5）。そこにある既存の社宅を取り壊し、事務所を新築する。オフィスは業務のために人が出入り・滞在する場所なので、生活感あふれる既存の街並みとの相性は必ずしも良くないという印象を受けた。双方のプライバシーを含め、まちと良好な関係を築くことが課題であった。

図4　取り壊し前の社宅

図5　向かいの低層集合住宅

効率的な配置計画

実務では、初めて基本計画から携われたプロジェクトだからこそ、学生時代から研究してきたことを活かそうと意気込んでいた。だが実際はそう簡単ではなかった。キックオフ時は必要諸室や必要駐車台数が決まっているだけで、建物構成や配置計画など多くは未確定だった。真っ白な敷地の上に、まずは機能的なオフィスのかたちを考えた（図6）。事務所を敷地の奥、駐車場を道路側に配置することで、車が道路から直接駐車場に出入りすることができる。それに伴い必要駐車台数がコンパクトに納まり、事務所面積を大きくすることができた。また駐車場が緩衝帯になるため、まちに対して程良い距離が保てる。

まちに対してオープンなゾーニング

配置計画を進める一方で、ＣＭ室の設置場所や形状についても検

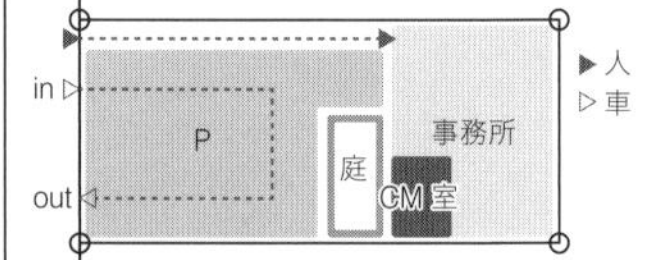

図６　初期の配置計画

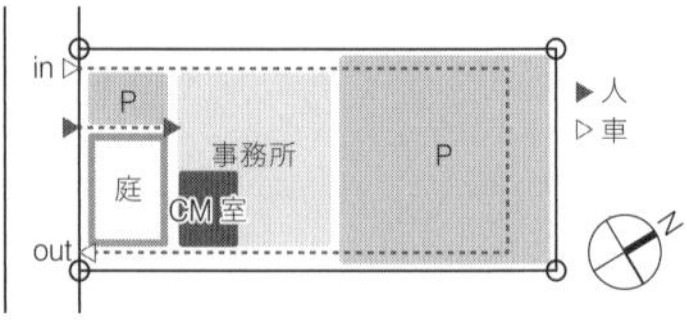

図７　最終決定に至った配置計画

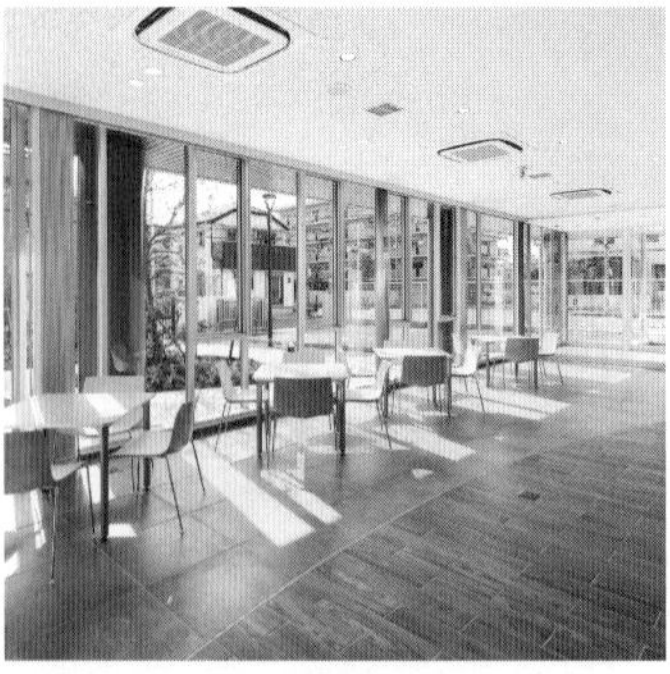

図８　オープンなコミュニケーション室
（撮影：エスエス大阪支店／内山雅人）

討した。この要望は社員の労をねぎらい、より良い職場にしたいという支店長の思いが込められたものである。CM室と外部空間を使って懇親会のような機会もつくりたいというリクエストもあった。そこでCM室をエントランスホールに隣接させて設置し、人が集まりやすく、広々とした空間が確保できる提案を考えた。ただし図6の配置計画は、来客のアプローチのしやすさという面で課題があった。道路から事務所までのアプローチが長く、敷居が高く感じられる。そこで事務所と駐車場を反転させる発想に至った（図7）。そうすると駐車場に向かう車路（出入りの2車線）が必要になり、事務所の面積が小さくなってしまう。一方でCM室前の庭がまちに対して程良い距離感を与える中間領域となった。庭の先からCM室が垣間見え、まちとのつながりが生まれる。常に事務所をオープンにする必要はないが、休憩時間の合間や懇親会の

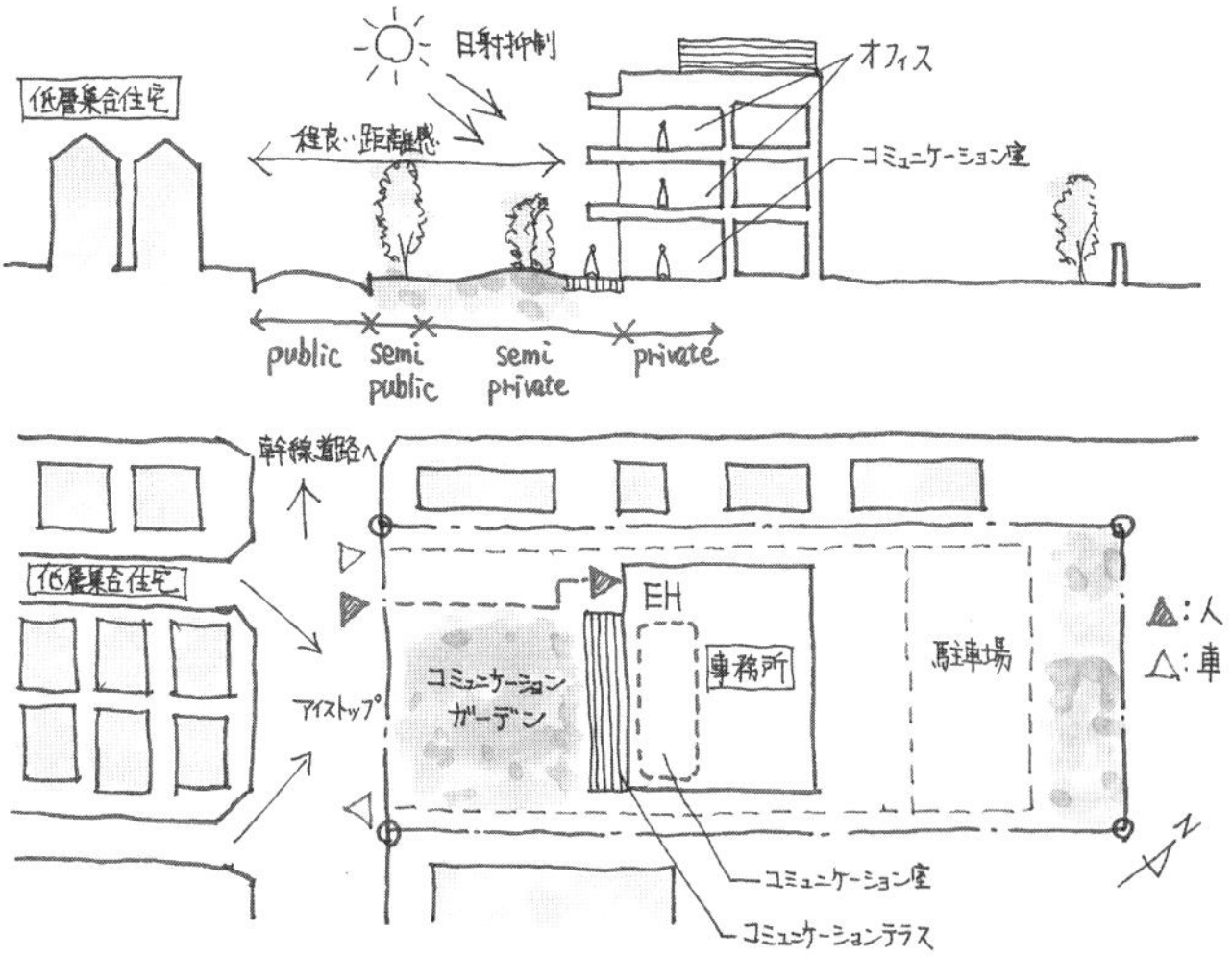

図９　まちとつながるオープンなオフィス

ときぐらいは、事務所の活動がまちに滲み出ても良い（図8、9）。

施主のイメージから可能性を広げる力

計画当初、支店長からCM室のイメージ写真をいただいていた。芝張りのテラスに家具を設え、窓越しにパーティを行っている様子が垣間見える1枚だ（図10）。私には何の変哲もない空間に思えたが、上司とのブレストを経ると、次第にそれが魅力的な空間に変換されていった。写真を見ながら「駐車場に面していると落ち着かないな」「屋上にあると来る人が限定されるな」「内外のつながりは大事だ」「緑があると落ち着く」など、平面図を広げ上司と会話することで可能性を探っていった。支店長へのプレゼンでは、庭を介して事務所を道路側に設ければ、まちに対して閉じすぎず開きすぎず良好な関係を築けること、CM室と庭がつくるまちとの距離感は住宅地での計画だからこそ大きなメリットになることを説明した。ゾーニングが当初のイメージ写真以上の空間を実現できたと自負している一方、提案の強度が飛躍的に高まったのは上司とのブレストがあってこそだった。施主のイメージを最大化する提案があって初めて、いきいきとした空間が生み出せること、そしてそれが設計者の職能なのだと実感した。

図10　コミュニケーション室イメージ写真

機能的なファサードをカタチにする

「華美にならず使いやすい建物」という支店長からの三つ目の要望に応えることでもあり、机上の計画を現実の空間にするために最も苦悩したのが、ディテールだ。新人だった当時は、水平庇一つ納めるにしても苦悩した記憶がある。綺麗に見える庇の見付幅と高さを決め、社内にある過去の実施図面を見ながら見様見真似で矩計図を描いてみる。それでも雨仕舞や構造との取り合いが上手くいかない。トライアン

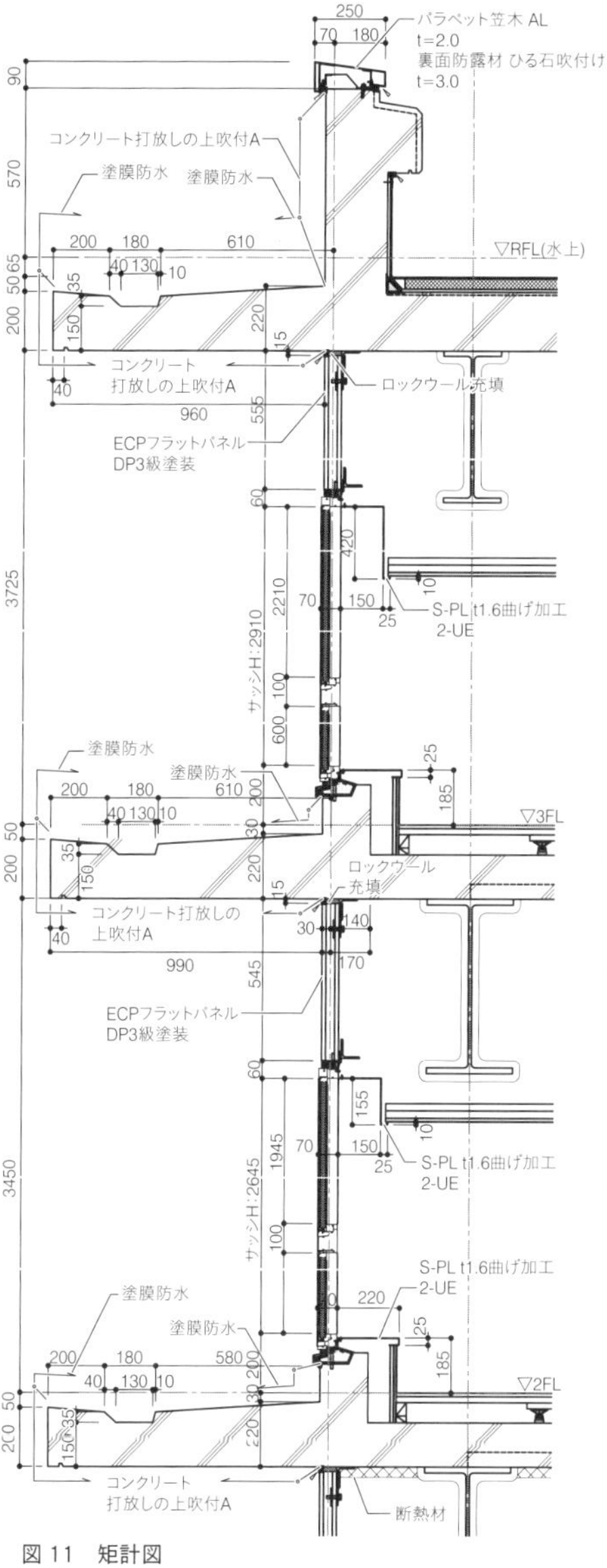

図11　矩計図

ドエラー―を繰り返しながらようやく図面が描けても、窓面メンテナンスの課題が発生する。シンプルな納まりでも上司の力を借りながら、一つひとつエビデンスを探り進めていく日々だった。最終的には、南側（正面側）のファサードはオープンにして機能的で明るい執務空間を実現し、日射抑制のため水平庇を設ける方針に上手くまとまっていった（図11）。

まちと建物の中間領域をかたちにする

ＣＭ室の前の庭（コミュニケーションガーデン）にも特に思い入れがある（図12）。手描きで何案もスケッチを作成し、なんとか現在のかたちに辿り着いた。緑地は維持管理が難しく極力設けたくないという施主も少なくないが、計画地では敷地面積10％以上の緑地をどこかに設置するよう条例で定められていた。当初からの課題でもあったこの緑地は、前述したゾーニング検討でＣＭ室の前面に集約し、室内外それぞれに相乗効果を生み出すことを狙った。行政指導で消極的に設ける緑地ではなく、職場環境の向上に寄与する積極的な緑地である。計画当初は建物の形状に合わせ、直線で構成した庭園を描いていたが上司から「使い方のイメージができない」と一蹴された。地表面の起伏や利用者に寄り添う形状、樹種や舗装の仕様、庭園の形状を細部までつくり込み、季節の移り変わりをイメージするようアドバイスをもらったのも、良い経験となった（図13、14）。

図 14　コミュニケーションガーデン
（撮影：エスエス大阪支店／内山雅人）

図 12　正面から見た新支店事務所
（撮影：エスエス大阪支店／内山雅人）

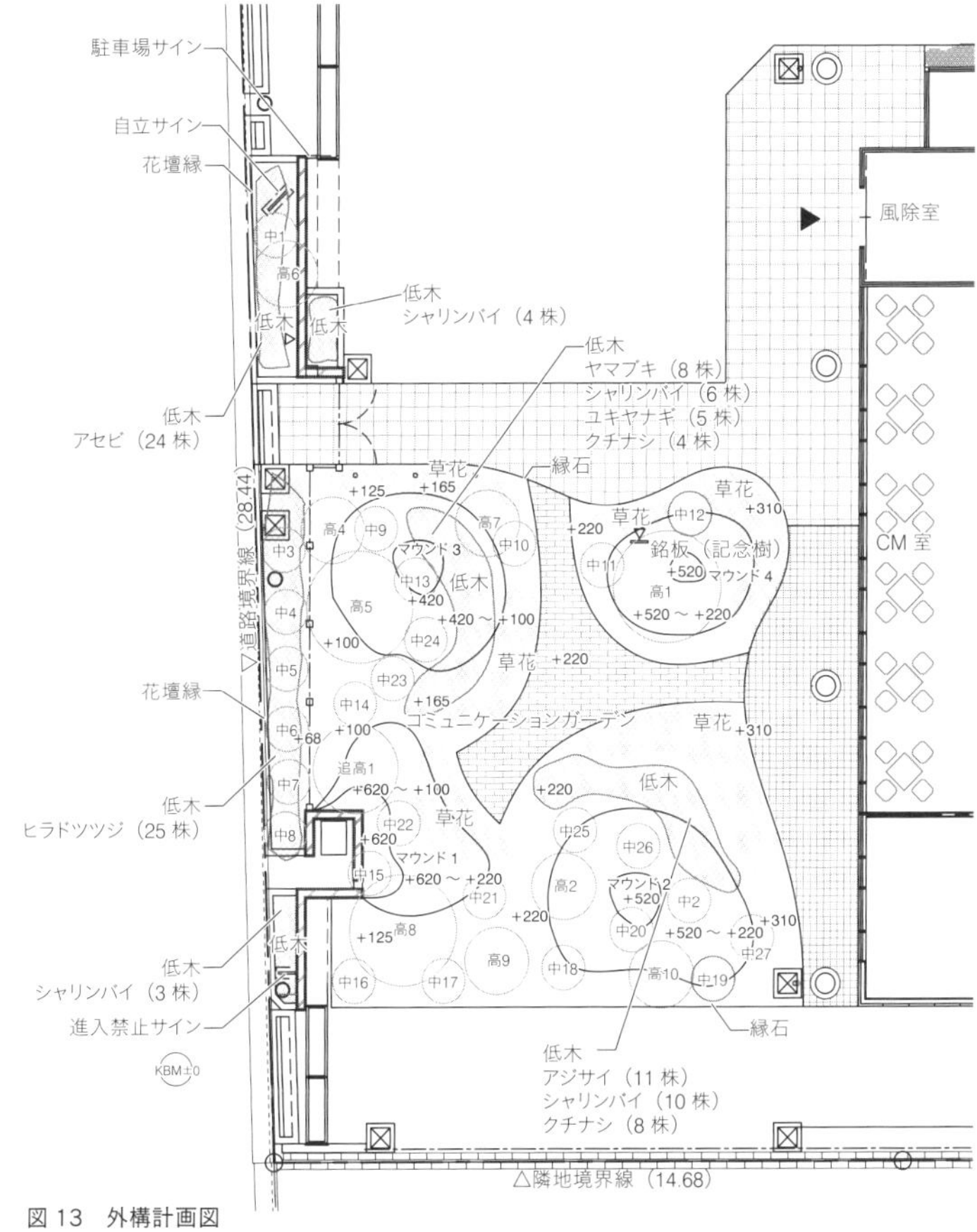

図 13　外構計画図

曲線やレベルの変化で人の回遊性を生み出す。常緑樹と落葉樹を組み合わせることで四季折々の表情を見せる。中央には記念樹のシマトネリコが植えられ、S社にとって愛着のある庭園となっている。今も隅々まで手入れが施された庭園の木々は、まちにささやかな潤いを与えている。

まちに居座る建築の佇まい

竣工後、「華美にならず使いやすい建物」について振り返った。これは、この地に新支店事務所を構えるS社の、まちに対する姿勢のように思える。新しく建物を建てるということは、既存のまちに余所者が入ってくることである。既存のまちの変革を試みる威勢の良い者や、静かに居座る謙虚な者、いろいろなタイプの余所者がいる。今回のプロジェクトにおいては、まちに対する慎ましくもおおらかな姿勢が建物に現れており、まちと良好な関係を形成している（図15）。

当時の建設コストを取り巻く事情で実現できなかった提案もあった

図15　まちに居座る新支店事務所

が、基本的な建物構成は、施主の理解のもと、おおむね実現することができた。社員を第一に考え、華美にならなくても使いやすい建物にするという謙虚な姿勢が、ここにも現れている。

施主と設計者が同じ目線でものづくりをする

施主の思いをかたちにするために、私自身が思い描くものと組み合わせて可能性を最大化するというプロセスは、このプロジェクトを通して初めて体験した。コミュニケーションガーデンの打合せの時、こちらの提案に共感して「もっとこうしたい」と楽しそうに話す施主との会話は、今でもとても印象に残っている。一方的に概念を突き付けていた学生時代から、それを使う施主と同じ目線でものづくりをすることの楽しさを知り、実務における新しい価値観が備わった。建物の一生のなかで設計者が関わる期間は短いが、施主との時間を大切にすることが建築やまちの可能性を広げ、より良い社会の構築につながると信じている。

平岡翔太（ひらおか・しょうた）
1987年広島県生まれ。2012年大阪市立大学大学院修了後、株式会社大建設計勤務。［某オフィスビル］［某大学施設］［某ホテル］［某商業施設］などを担当。現在は［某庁舎］を担当。

3年目

コンセプトを見える化してコラボレーションする
——人の交流を誘発する研究所

鬼頭朋宏
大成建設株式会社

「生産系」で設計の仕事を覚える

入社して約半年間行われた設計研修の後に初めて配属された部署は、いわゆる「生産系」と呼ばれる部署であった。生産系とは、主に工場や研究所、物流施設などの用途を設計する部署である。そのなかでも私は主に医薬品系の研究所を担当していた。この部署の特徴としては、当時の時勢もありプロジェクトの数が多いこと、また、シンプルな構

図1　丘の上に建つシンボリックな外観

成のため設計・施工期間が比較的短いことが挙げられる。幸運なことに入社後早い時期から複数のプロジェクトの始まりから終わりまでの業務フロー全体に関わり、2年ほどで仕事全体の流れを覚えることができた。ひととおり設計の仕事も覚え、次なるプロジェクトへの参画に意欲的になっていたある日、とある研究所のコンペの話が舞い込んできた。

複雑な与条件から生まれた［TWIN-CUBE］

大阪・彩都の丘に建つ［アース環境サービス株式会社彩都総合研究所T-CUBE］（図1）は、高度化・グローバル化する医薬品業界において様々な分野の研究者が交流し、そこで得られた知見を蓄積、応用させて新たなビジネスへと発展させる最先端の研究者交流拠点である。このような画期的な施設コンペ開催の背景には、近年の医薬品業界における情報化・グローバル化が進み国際的な品質システムのガイドラインに準拠した医薬品などの製造が求められるようになり、環境制御基準の厳格化が進んだことが挙げられる。発注者からの与条件は、これらの社会的ニーズに応えるための様々なプログラムやユーザーが想定されていた。これまで私が担当した研究施設にはない複雑なものでもあった。設計案の作成業務は、メンターである当時の上司と二人三脚で取り組むことになった。私の担当は、全体のゾーニングを行う上でのボリューム検討や、デザインのコンセプトメイキングである。計画中、最も悩んだ点でもあり、またブレ

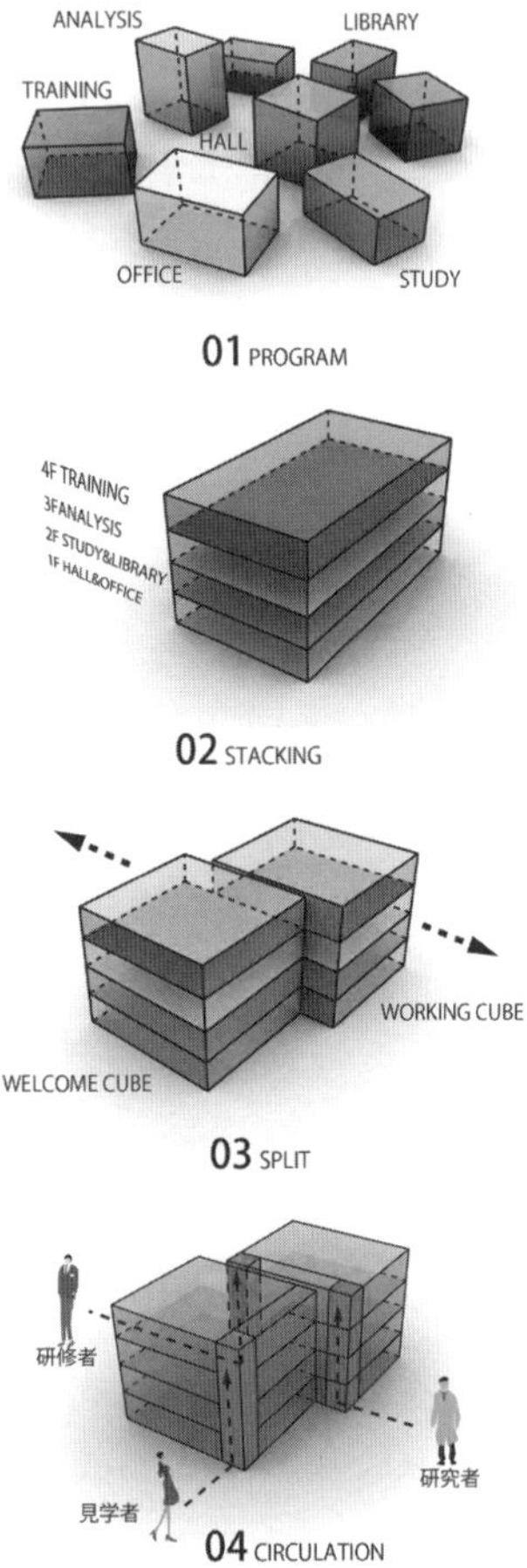
ANALYSIS
LIBRARY
TRAINING
HALL
OFFICE
STUDY
01 PROGRAM
4F TRAINING
3FANALYSIS
2F STUDY&LIBRARY
1F HALL&OFFICE
02 STACKING
WORKING CUBE
WELCOME CUBE
03 SPLIT
研修者
研究者
見学者
04 CIRCULATION

図２　TWIN-CUBE の生成プロセス

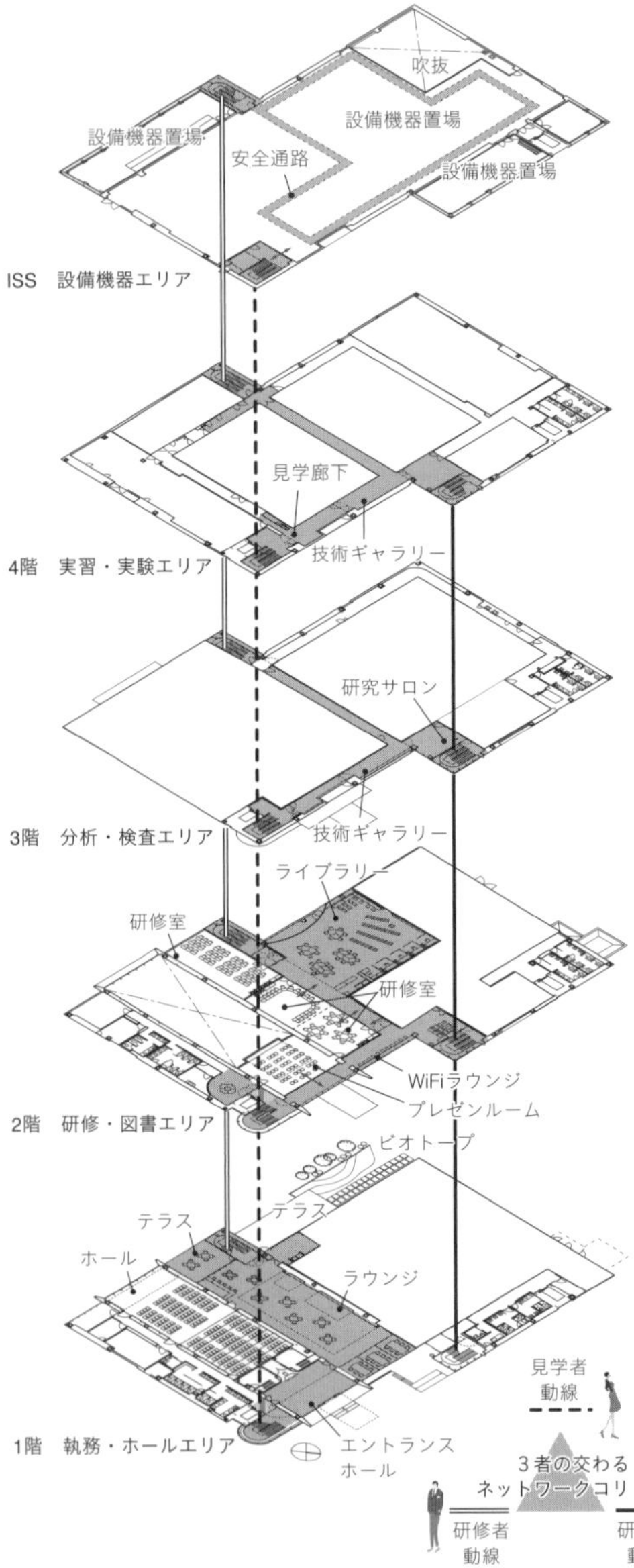
吹抜
設備機器置場
設備機器置場
安全通路
設備機器置場
ISS　設備機器エリア
見学廊下
技術ギャラリー
4階　実習・実験エリア
研究サロン
技術ギャラリー
3階　分析・検査エリア
ライブラリー
研修室
研修室
WiFiラウンジ
プレゼンルーム
2階　研修・図書エリア
ビオトープ
テラス
テラス
ホール
ラウンジ
1階　執務・ホールエリア
エントランスホール
見学者動線
3者の交わるネットワークコリドー
研修者動線
研究者動線

図３　ネットワークコリドー

イクスルーが生まれた瞬間でもあったのは、これらの与条件を整理するためのプログラム構築だった。上司の指導のもと、コンペの締め切りまでの限られた期間での大量のスケッチ検討を経て考えたのは、研究者が利用する「ワーキングキューブ」と来訪者を迎える「ウェルカムキューブ」からなる構成だ。まず関連するプログラムを同じフロアにまとめ、異なるプログラムをフロアごとにスタッキングした。次に、日常的に利用する従業員と一時的に利用する来訪者、ユーザーの動線を二つに分けて考え、同じフロアを平面的にスプリットした。使う人と場所により多様なアクティビティが展開される二つのキューブ「TWIN-CUBE」が生まれた（図2）。これらが交わる部分はネットワークコリドー（図3）と位置付け、研究者と来訪者が出会い、発見を共有し、両者のイノベーティブな交流を最大化することを目指している。これらの研究者の交流を誘発する空間プログラムが評価され、見事コンペを勝ち取ることができた。

複雑な与件を解くコンペへの挑戦から現場監理、竣工まで設計フロー全般に取り組み、一つの建築が立ち上がる過程を経験した、設計人生のターニングポイントになったプロジェクトだ。

現場に常駐して得た成果と経験

当時私は東京の事務所配属だったため、この現場があった大阪へ週に2、3度、新幹線で通う日々を送っていた。社内でも注目プロジェクトとされていたこともあり、設計だけなく、工事中の設計変更対応や工事監理も徹底して行うことが求められた。繁忙期ともなると数カ月間、大阪の社員寮に部屋を借りて寝泊まりしながら現場に常駐した。当時は現場経験も浅かったので、現場には工事の作業員とともに朝礼から出席し、日に三度の現場巡視を欠かさなかった。専門工事業者の声を聞き、あらゆる施工図面をチェックし、図面に現れてこないディテールにも現場で細かく指示を出せたことは、建築の完成度に大きく影響したと感じている。体力面でも精神面でも高い負荷ではあったが、日々建築ができあがっていく光景を目の当たりにし、普段オフィスで設計しているよりも何倍もの情報量を吸収することができた。コロナ禍を経験した今、リモート会議などの整備も進み、現場に出向く頻度が少なくなりがちな昨今であるが、建築にとっては現場が最も重要であるということを今振り返って改めて感じている。

コンセプトの見える化

当時も今も、設計時に最も重視し心掛けていることは「コンセプトの見える化」である。本プロジェクトでもメインコンセプトである「TWIN-CUBE」を踏襲するようにインテリア、ランドスケープ、照明、コミュニティデザイン、ディテールといった各部分のコンセプトも提案した。

例えばインテリアコンセプトは、グローバル化を狙った施設としてふさわしいように日本の伝統色を取り入れたカラーリングを「クリエイティブスキーム」としてまとめ、創造性を誘発する一助とした（図

4）。色彩の検討はとにかくインテリアのスケッチを繰り返し描くことで詰めていった（図5～7）。ペインティング関係の賞も受賞したので、思い切ったカラーリングが功を奏したと思っている。このようにコンセプトを見える化し、プロジェクトのあらゆる部分に展開していくことで、利用者とより価値を共有できる建築へ昇華できると考えている。

様々なプロフェッショナルとの協働による相乗効果

意匠、構造、設備といった設計者のほかに様々な分野のプロフェッショナルと協働することも多い。今回なら、照明デザイナー、ランドスケープデザイナー、家具デザイナー、アーティスト、医薬エンジニア、技術研究所などが挙げられる。この現場をきっかけに、設計者がすべてを決める建築よりも、

図4　インテリアスケッチ

図5　茜色を採用したラウンジ

図6　浅葱色を採用したサロン

図7　さいたづま色を採用したライブラリ

多様な専門家との協働に可能性を感じるようになった。その際に注意しているのは、それぞれの分野がバラバラになるのではなく、意匠設計者が明確なコンセプトを前述のとおり「見える化」し、各分野を統合・先導する役割を担っている点である。

例えば照明デザインについては、本プロジェクトで取り入れたカラーリング「茜色・浅葱色・さいたづま色」を照射することで彩都のまちに彩りを演出することを提案した（図8）。間接照明の形状などは照明デザイナー監修のもと実際の原寸模型を作成して入念にスタディを重ねて決定した。

またランドスケープデザインについては、彩都の里山に調和するように敷地内に２００本以上の植栽を計画したのだが、植樹の際は、発注者とランドスケープデザイナーと共に実際に山に植栽を選定しに行っ

図８　照明の検討

図９　植栽の選定

た（図9）。同じ樹種でも樹形や色合いなどの個体差があるため、数ある樹木の中から1本1本選んでいく作業は骨が折れたが愛着の湧く植栽計画となった。各分野のプロフェッショナルとの協働によって、1人では決して気付けなかった建築の可能性を引き出すことができたと思っている。

基本構想から実施設計、着工後の工事監理から竣工に至るまで、設計・施工の全フローを通した様々な人々とのコラボレーションを経て、最先端の研究所は誕生した（図10）。またこの建築の設計を通して、私自身もコンセプトを共有し、コラボレーションすることの無限の可能性や面白さを実感することができた。これからもその可能性を追求できる設計者を目指したい。

鬼頭朋宏（きとう・ともひろ）

1987年三重県生まれ。2012年名古屋工業大学大学院工学研究科修了後、大成建設株式会社設計本部勤務。現在、設計本部先端デザイン室所属。主な担当作として「アース環境サービス株式会社彩都総合研究所」「近畿産業信用組合本店」「ペリエ＋プラスビル」など。現在は、「大成建設グループ次世代技術研究所」などの都市型環境建築の設計に携わっている。第66回青年技術者顕彰選考ほか。

図10　断面パース

座談会①

自分の無知を思い知らされる駆け出し期

コーディネーター：高畑貴良志（株式会社日建設計）
編集：箕浦浩樹（株式会社大林組）

何がゴールかわからないけど、無駄な作業はない

平岡　入社2年目の頃に苦労したのは、自分が根拠をもって図面の線を引いているか、という点です。上司と一緒に現場に入りつつ徐々に仕事を任せてもらえる時期ですが、まだ経験が浅いこの時期は、何をするにも時間がかかりました。プランを描くのは自分であって

図1　座談会（2022年7月15日）の様子

も、チーム全員が納得できるエビデンスが必要で、それを説明できないと寸法ひとつ決まりません。その他にも、1人で施工者と協議をしたり、初めて施主の前に出て打合わせをしたりと、とにかく初めてづくしの時期でした。

髙畑　デザインがしたいと思って入社したし、先輩たちからも「デザインしていいよ」と目の前に人参をぶら下げられるけど、実力が追いつかなくて何もできない。そのデザインを成り立たせるためのいろんな法律や工法の引き出しがない。そんな自分にモヤモヤする時期でした。辛い時期でもあるけど、その分成長できる時期ですよね。周りから「君がやるんだよ、どうぞ」と言われていざやってみたら、「この観点は大丈夫？」「この納まりでどうやって施工するの？」と自分の無知を突っ込まれる。デザインの提案には、その背後のあらゆる条件もセットで考えなければならないと叩きこまれ、どんどん成長していた時期だったと思います。組織設計者は多分皆、この時期にそういう経験をしているんじゃないかなと思います。

若江　図面を描こうにもわかってなさすぎて何も描けない、というのが

図2　髙畑貴良志さん（日建設計）

最初の挫折。スケッチやCGだけで夢を描けば許されていた学生時代から、図面化しないとモノができていかない現実世界に切り替わった瞬間に、自分は建築の「け」の字も知らないんだ、と自覚しましたね。

高畑　何がゴールかわからない時代ですよね。例えば、基本設計の時に実施設計のミリ単位のことなんて考えなくたってプランは描けるのに、その段階でどこまでやればゴールかもわからないから、ディテールまでがむしゃらに考え込んでしまう。全く見当外れなことをしていたなと後から気づくことも多い。でもその時に深く考えたことって無駄にはならなくて、考えておけばおくほど、後からその感覚が自分の身になる気はします。

先輩や上司との関わり

粉川　コストやディテールはもちろん、素材のことも何もかもわからない1年目の状況は本当に衝撃ですよね。僕の場合、先輩がずっと

図3　平岡翔太さん（大建設計）

横にいて、やらないなら俺が描くよっていうプレッシャーも常に感じていたので、図面は描けないけどとにかく模型やパースといったビジュアルで上司に説明し続けていましたね。

高畑　その年のぐらいの時って、すこし上の先輩ってなんか超偉大に見えますよね。

粉川　「とにかく手を速く動かす。5日後に〆切なら2日くらいで出す」とか、「会議に出たら一言でも発言しないと出た意味がない」とか、1年目の自分が言われた8、9年目の先輩語録は未だに覚えているし、僕も今後輩に対して同じことを言っています（笑）。

高畑　初めから自分の引き出しがある人なんていないから、最初はとにかく、これはあの人に聞いたらわかるとか、これはあの人が知っているとか、わからないことを聞ける人との関係を蓄えるのが結構大事かなと思います。残業後「ちょっと疲れたなー皆飲みに行くか」というふっと力が抜ける時間タイミングで残っている先輩に聞いてみたら、「あ、これはこうで絶対こうなるわ」って予言されて、そのとおりになったことも。

図4　粉川壮一郎さん（安井建築設計事務所）

若江　設計の作法とかルールみたいなものをいろいろな先輩からひたすら吸収していましたね。毎回プロジェクトごとにチーム編成が変わるので、その都度先輩が変わる。いろんな先輩のやり方を見て、インプットする時期ですよね。

宮武　僕の場合は、固定の上司と複数のプロジェクトをやることのほうが多かったです。どちらにせよ、この時期に参画したプロジェクトの先輩のやり方って、大きく影響を受けますよね。

プロジェクトを一周回す経験

興津　プロジェクトの期間は人それぞれだけど、図面の描き方、打ち合わせや議事録の取り方、確認申請や現場監理、竣工写真の撮影まで含めて一つのプロジェクトを一周回すと、次の物件の時に流れが掴みやすくなりますよね。U-35のメンバーには早くからプロジェクトを一周回すことができている人が多くて、駆け出しの頃に良い

図５
右）出来佑也さん
（昭和設計）、
左）山本和宏さん
（昭和設計）

経験をしてきたんだなと思いました。

高畑　まさにそのとおりで、一周回した経験があるとリスクマネジメントができるようになる。次に何が起こりそうか予知して先回りできるようになると、それがやりがいにもつながるんですよね。「今回の俺、気のきいた対応ができたな（笑）」、みたいな。それが嬉しくて次はもっと先を読みたくなる。

若江　僕たちがいる土地柄も多少関係しているのかもしれません。関西は、建築プロジェクトの規模が首都圏のそれより小さいから、早い段階で一つのプロジェクトを回せるチャンスが巡ってきやすい気がします。

三谷　そうですね。加えて、自分や周りの経験を鑑みると、ただ回せばいいというわけでもないと思います。入社数年でプロジェクトを一周回せるかどうかって正直巡り合わせが大きく、例えば入社後数年間、外装などの部分の設計を担当する人もいる。でも、それを諦めないでやり切れるかどうかは大きいですよね。僕の場合は、入社一年目から即座に現場が始まるプロジェクトに投入され、わからないことだらけの打合せに毎回食らいついていました。どんな壁でも、あきらめないで乗り越えることが次につながるのだと思います。

山本　初めてのプロジェクトで特に大変だったのが、確認申請でした。何しろ初めてなので、何もわからないうえに時間もない。にもかかわらず大量の質疑がくる。毎日毎日終わりが見えなくて、危うく挫折しそうになりながらやっていました（笑）。ですが、言われているように最初の壁をなんとか乗り越えた経験というのは、次以降の大きな自信になりました。

社会を見つめ、「建築」の領域を拡張する

「U-35」は2013年の発足以来、「建築と社会の関係性を探る」というテーマで組織の枠を超えて様々な活動を行ってきました。毎年の企画は、①社会で活躍する他分野の方々にお会いして私たちが知見を得る「input」と、②それらの場で得た知見と議論をもとに1年の総括として社会に発信する「output」の二つの軸を往復しています。身近な都市や世代からスタートし、活動の仕方やテーマについて議論と試行錯誤を重ねながら、対象を世界に広げ、時間軸を未来に伸ばし、世代や領域をさらに横断すべく、年々視野を拡張してきました。4つのコラムでは、10年にわたるこれらの活動のうちのいくつかを紹介します。普段の設計業務から一歩離れ、組織の会社員である前に〝社会の一員〟でもある「U-35」メンバーの興味関心や問題意識に、自分たちなりのアプローチで迫り、社会に投げかける。活動を通して出会う人たちは、私たちが見慣れてしまった「建築」や「設計者」の世界を広げ、まだ見ぬ可能性を示唆してくれます。

この活動が今すぐ何かを変え、新しい未来に直結するというわけではありません。にもかかわらず、多くのメンバーが終業後や休日の少なくない時間と労力をこの社外活動に割いているのは、きっと自分たちの未来に種をまく機会だという確かな手ごたえがあるからだと思います。日々の本業で多くの人が利用する建物の設計に携わっているメンバーは皆、「建築と社会の関係」を考えることで自分たちの仕事の現在地を認識し、より良い未来を描く力をもらっています。

社外活動コラムI

学生と一緒に次世代の空間を構想する

学生アイデアコンペティション「共のレシピ」(3rd action)

SNSをはじめ、世界中、だれともつながりをもてる現代の社会で、どのような空間やコミュニティの在り方が提案できるのか、次世代との対話を通して考えるべく、学生コンペを主催した。かつて同じ建築学生で今は実務の世界に飛び込み数年経った私たち「U-35」世代と、現役建築学生とのコラボレーションの場となり、次世代の建築を構想するイベントになればと考えた。「共のレシピ」という言葉には、素材を組み合わせることで料理をつくるように、様々なツールや空間、手法を掛け合わせることで生まれるアイデア・ヒント集をつくってみたいという思いが込められている。審査員には、「シェア」をテーマに新たな空間の運営や提案を実践されている猪熊純先生、地域コミュニティの継承・発展と住まいづくりについて研究されている前田昌弘先生のお二方に依頼した。

図1 学生アイデアコンペティション「共のレシピ」

図2 審査会場の様子

世代を越えて「共」の未来を考える

「共」をテーマとした全21作品の応募があり、審査員による全作品の書類審査を1次審査として、上位3作品を選定した。3作品の応募者には2次審査会場でプレゼンテーションを行ってもらい、審査員とのディスカッションを含めて最優秀賞1点、優秀賞2点を選定することとなった。

ディスカッションや審査総評を通して印象に残ったのは、「共」という状況を成立させるためには、建築空間にプライベートとパブリックの程よい距離の調整機能が求められるということ、また、他者と何をどこまで共有可能と感じるか、その許容範囲には世代によってかなり差がある、という猪熊先生の指摘であった。前田先生は、コミュニティについて議論を深めるチャンスをくださった。建築が担う役割は、人と人との関係を取り持つだけでなく、個々人で異なる感覚や時間経過、状況変化までも内包する時代になっており、そのことに私たちはもっとデリケートになるべきである、との指摘が興味深かった。何を「共有」するのか、しないのかを曖昧にしないことが重要であるという指摘は、私たち「U-35」世代にとっても、今後の建築を考えていく上で示唆に富むものであった。〔若江直生〕

図3　2次審査のディスカッションの様子（左から猪熊純先生、前田昌弘先生とU-35のメンバー一同）

2章 難局こそやりがい期

―入社4〜7年目―

2章では、入社4年目から7年目の設計者を紹介する。なにもわからなかった駆け出しの時代を経て、社会で働くことや建築設計という仕事、生活環境、人間関係の構築など、様々な経験をすることで人間的に成長し視野が広がり、余裕をもって周りの状況が見え始めるときである。

この時代は、議事録の書き方や法的な行政協議など、入社後に経験を積んだ基礎的業務を当たり前にこなしつつ、さらにもう一歩踏み込んだ立ち回りが求められる。プロジェクトの実質的な作業、つまり、施主・共同設計者（社外）・施工者・メーカーの連絡窓口として日々発生する課題への対処や業務の段取り、施主へのプレゼンテーション資料や契約図書となる設計図の作成においても、中心的役割を担っていく。

そのなかで、設計実務の全体像が見え始め、効率的に進めることも覚え、できることが増えていく。成長するにつれ同時に複数のプロジェクトを並走させる立場にもなり、業務量が増えることで体力や精神力などで厳しい局面も出てくるが、建築設計のやりがいを感じ、楽しさを見つける時代でもある。

さらに個人差はあるが、（企画↓）基本設計↓実施設計↓監理とプロジェクトの実務を一周回すという経験を積むタイミングでもある。1～3年目ではバラバラだった様々なピースがつながり、一枚の絵となって見えてくる。この〝ひとまわし〟を経て、建築設計という仕事の全体像を掴むことができ、「次なるジャンプへの助走」段階に入っていく。

自分で引いた線（図面）を実現するため、監理として本格的に現場デビューするのもこの頃である。施工者や製造技術者、職人らと共により効果的な納め方、見せ方を追求したディテールなどを検討し、設計の質をさらに高めていく過程は実に刺激的だ。改めて、建築はいろんな人が関わり、皆でつくっていくものだと気づくのである。

中心的な役割を担ったプロジェクトが建ち上がり、これからもなんとか建築をつくっていけそうだ、という自信を手に入れる設計者の一端を見てほしい。

4年目

先入観を乗り越える楽しさ
――風土に呼応する庁舎

小原信哉
株式会社山下設計

かつての城下町につくる庁舎

入社4年目で担当した「小牧市庁舎」では、土地のもつ歴史や環境を色濃く取り入れた建築をつくろうと奔走した。織田信長が築城したことで有名な小牧山城という史跡に隣接し（図1）、かつて城下町であった土地に市庁舎を建設するという歴史的背景を強く意識する計画であった。

図1　新庁舎が建つ前の南側から見た、小牧山とまちの風景
（© KKPCW「Komakiyama 04」2009 https://commons. wikimedia. org/wiki/File:Komakiyama_04. JPG 表示 - 継承 3.0 非移植ライセンスで公開 https://creativecommons. org/licenses/by-sa/3.0/deed. ja）

小牧山との関係を重視するまちからの変更依頼

選定されたプロポーザル案では小牧山に正対し、南面に開口部を多く確保できる建物の長手方向を東西軸とする配置を提案していた。これは敷地には議場が入った既存の東庁舎が建っており、新庁舎との機能連携や、小牧山への眺望、方位による採光や熱負荷等の環境性能を考慮して、新庁舎の配置計画を考える必要があったからだ。

しかし施主から、周辺地域、特に南側から小牧山への視線が通らなくなるとまちの風景が大きく変わってしまうと指摘を受け、長手方向を南北軸とする案（図2）へ設計変更している。かつてこの地に城下町があり、小牧山城とまちが相互に望める関係であったこと、市庁舎

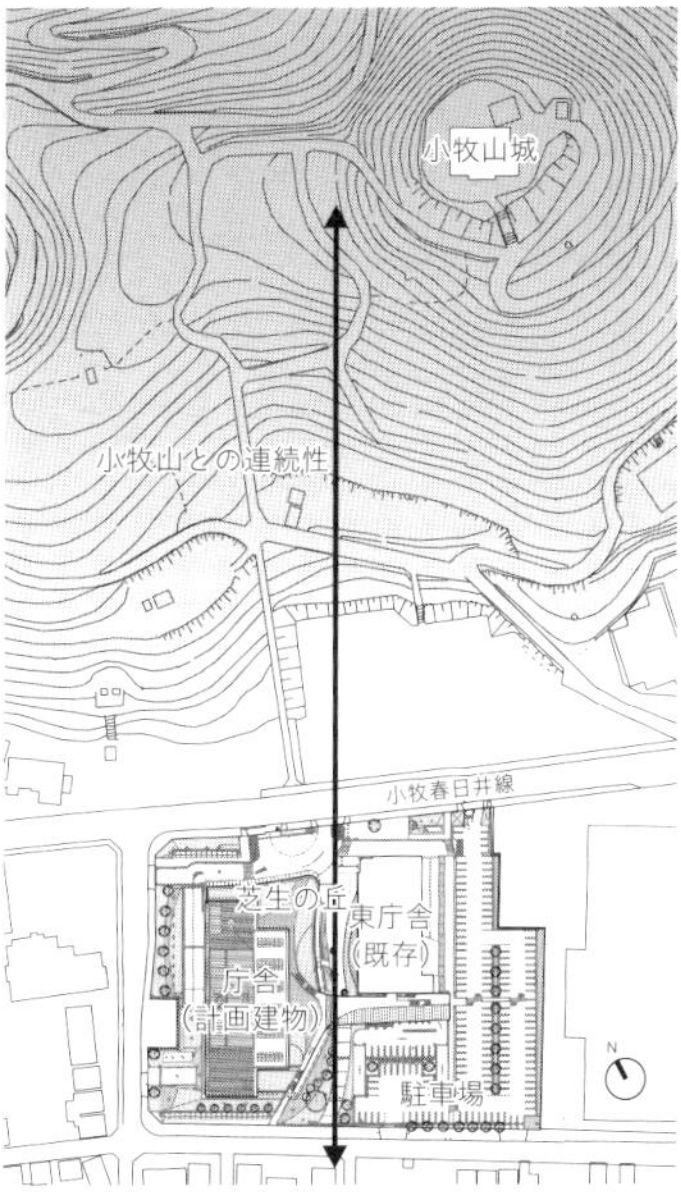

図2　南北に視線が通る軸性をもった新庁舎と小牧山との関係

は不特定多数の市民が使う施設であることを考えると、その関係性を未来に継承していくことがまちにとって何より大きな意味をもつと気付かされた変更だった。

配置計画の方針が決まると、具体の計画案を数案検討し、施主に提示することとなった。法的な規制や施主要望による大まかな縛りはあるものの、建築のかたちや諸機能をつなげる動線、空間のつくり方には無数の案がありえた。上司とアイデアを出しあい、その中から方向性の異なる3案にまとめ、施主にプレゼンした（図3）。

その3案から施主が選んだのは、やはり建築とランドスケープが一体となり、小牧山との連続性を重視する案（図3の一番上の模型写真）であった。敷地の南から見たときに小牧山への視線が通り、低層部は山の裾野が拡張されたような一体感のある建築だ。市庁舎に訪れる人々が小牧山を身近に感じられる空間づくりにこだわった。

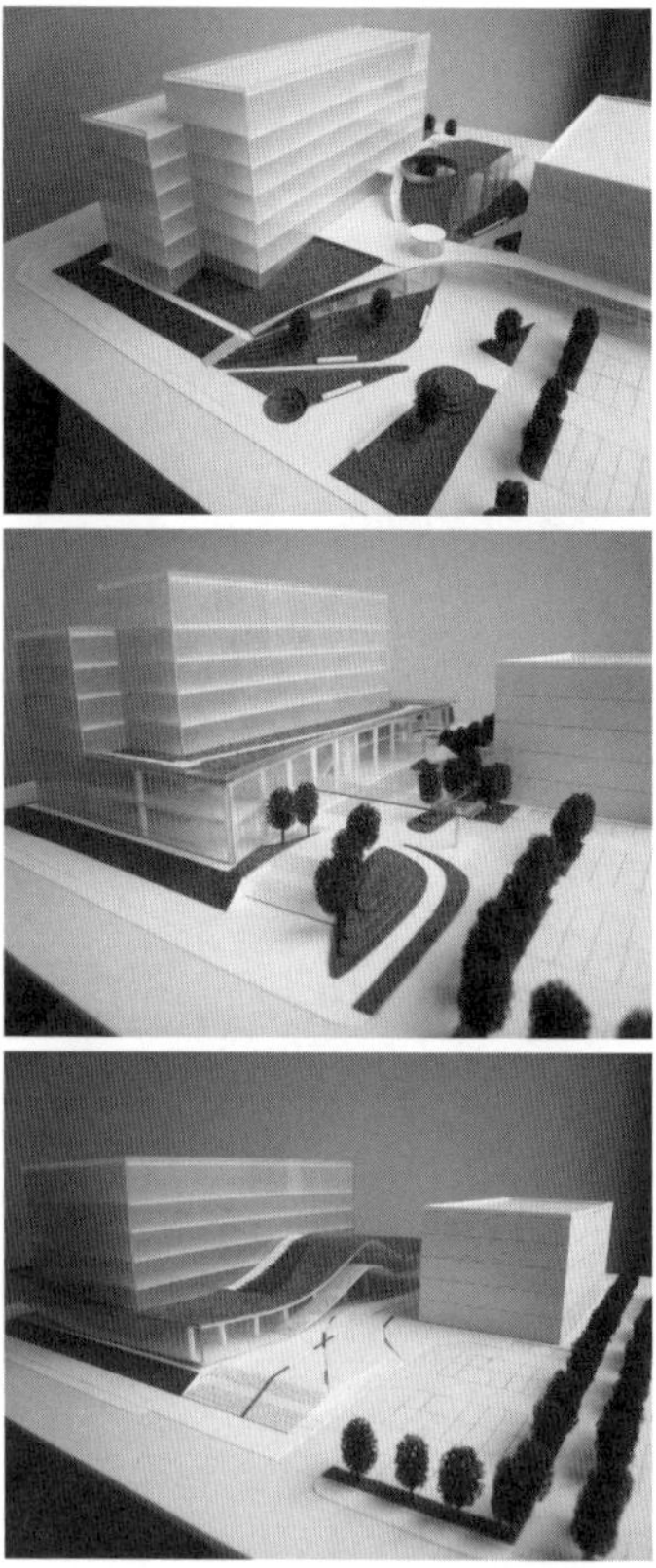

図3　プロジェクト担当者がそれぞれアイデアを出しあい検討したスタディ模型

ランドスケープも人工的な直線を使わず、山の裾野の広がりをモチーフとした有機的な流線形で構成した。この曲線は敷地のレベル差を解消するスロープ動線や新庁舎と既存棟との間につくった広場にある水辺の流れ、そして建物内からの小牧山の見え方を大切にした空間を一体にデザインしている。何度もスケッチを繰り返して導き出した曲線だ。南からの小牧山へのアプローチ動線として変化のあるシークエンスとなることを意識した。さらに、この流線形は窓口カウンターの形状にも連動していった。市役所のカウンターは円滑な窓口対応を行うために相当の長さを確保する必要があるのだが、ランドスケープとリンクした有機的な曲線のカウンターは長さを確保できるとともに、利用者が一直線に重ならないのでカウンターの状況を視認しやすく、機能的にも有効なかたちとなった。

構造と設備が融合したデザインの実現

小牧山や周辺建物への影響、既存棟とのバランスを考慮し、建物高さはできる限り抑えたかった。そこで天井仕上げを張らず、構造体のＰＣ（プレキャストコンクリート）梁を現した直天上とし、ＰＣ梁の空隙に空調ダクトや電気配線などの設備ルートを納めた「ハイブリッド天井」を提案した（図４）。これは上司が実績をもっていたＰＣ梁天井の考え方を応用したものであった。私は「ハイブリッド天井」を成立させるため、空間イメージを構造や設備の各担当者と共有する役割を担った。構造担当とはＰＣ梁天井のデザインとなる形状や梁断面・主構造との取り合いを、電気担当とは間接照明の反射面としてPC梁型を利用した空間の明るさを確保する照度検討を、機械設備担当とは空調の給排気ダクトルートや吹き出し口の検討を行った。彼らとは各々アイデアを出しあい、排煙等の法的な検討を含めて最終的な意匠図面に集約していく。各セクションの緻密な検討と綿密な連携の成果として多機能なデザインを生むことができた。

入社4年目だった当時、それまで学校や病院などの比較的大きな施設設計チームに所属してきた経験から、意匠、構造、電気、機械設備が統合されたものが建築であることはもちろん理解していたが、構造と設備が意匠と一体となり、一人二役、三役として機能し、見せる仕上げとして天井を現わす手法を取り入れたのは初めて

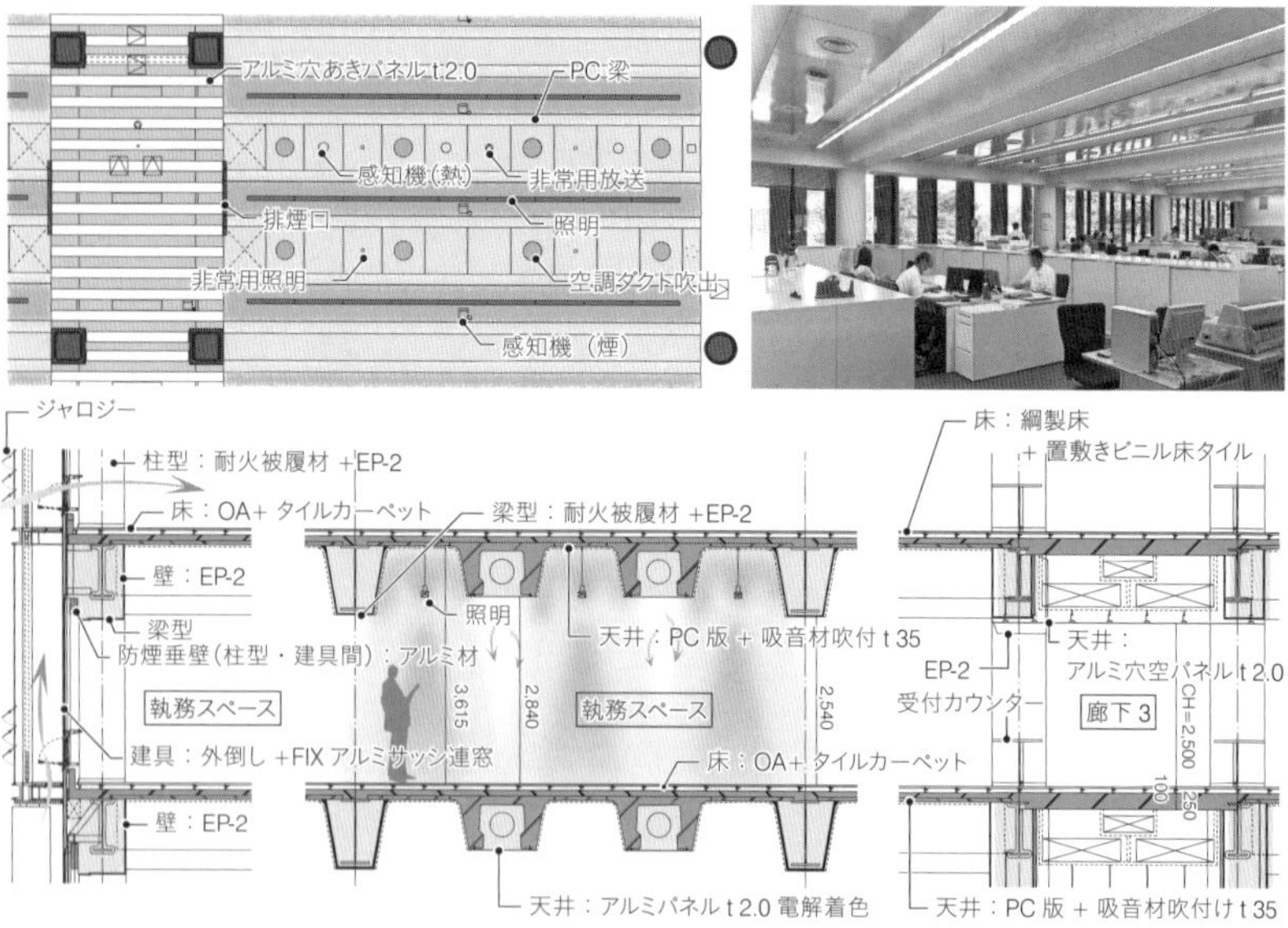

図4　意匠＋構造＋設備が融合した「ハイブリッド天井」（撮影：近代建築社）

のことだった。フラットで単調に仕上げることが当たり前になりかけていた当時の固定観念を壊してくれた経験だった。竣工間近の現場で、陰影に富んだ天井の表情を確認した時、空間の広がりを生み出す手法は「仕上げる」だけではなく無数にあることに気付かされた。

敷地に通う現場での協働の楽しさ

現場は週1回定例で行われる施工会議があり、敷地に毎週通った。工事工程に合わせた進捗の確認や施主からの要望、課題に対する情報共有が行われる。この会議自体ももちろん重要であるが、本番はこの後の施工者との分科会などの打合せだ。施工者との多岐にわたる調整が常に山積しており、この打合せこそが建築をつくる上で非常に重要になる。設計者・施工者がアイデアを出しあい、デザイン、技術、コストなどが盛り込まれた設計図を実際のかたちにしていくものづくりの現場は、本当にスリリングだ。設計者と施工者という立場を超えて、建築を一緒につくり上げていく楽しさを共有する場でもあった。

躯体工事・電気工事・建具工事・塗装工事などという具合に建設に関わる部門で検討する担当者がいて、意匠設計者として現場を監理する私と打合せする順番を待っている。施工の各段階で（具体的には仕上げの色や納まりの詳細など）多種多様なモノ決めがあり、多い時は5人待ちで、1人当たり1〜2時間はかかるため、すべて終える頃には外も真っ暗になっていることもしばしばであった。

先に述べたハイブリッド天井も、この打合せでモックアップを作成し、仕上げの質感や照明の吊り位置、間接光の見え方を確認した。敷地からは少し離れた空き地につくったのだが、夏場で蒸し暑く、虫もたかるなか、ああした方が良い、こうした方が良いと大勢のおじさんが目を輝かせながら話をしている様は、私のものづくりの原風景となっている。

周辺環境に応答したファサードデザイン

ファサードデザインも、小牧山との景観をつくる上で重要な要素であった。低層部はランドスケープと一体となり段々と上がっていく屋上緑化や庭園、そして内部活動が表に現れ外部の広場と一体感が生まれるように、地層を想起させるガラスのカーテンウォールとした。東西面は熱負荷が大きいため、西面の低層部は緑化した縦型ルーバーで直射日光を遮蔽し、高層部はガラスのダブルスキンによる中間層の空気を排

図５　各壁面を構成する外皮：妻面／下見板張りのタイル＋ガラス、長手高層部／ガラスのダブルスキン、長手低層部／壁面緑化のグリーンルーバー（撮影：エスエス名古屋支店）

気し、外部からの影響を抑えている（図5）。ガラスのダブルスキンには中間期に自然通風を取り入れることができるようにジャロジーを設けた（図6）。このジャロジーはドイツのメーカーと協働で制作したのだが、1カ月以上もあるバカンスなど日本と異なるワークスタイルで、設計の進捗や納期など様々な課題にぶち当たった苦い経験となった。

一方、短辺となる南北面は小牧山と正対するため、伝統的な意匠である下見板張りを採用した（図5）。素材は維持管理がしやすい1200×600㎜の大判タイルとガラスの乾式張りで構成した。このように伝統的な工法と現代的な材質を掛け合わせたファサードデザインを複数案、設計時に上司と議論しながら検討し、工事段階でも毎週定例の打合せを行い、施主の了承を得て、建築のデザインを積み上げていった。

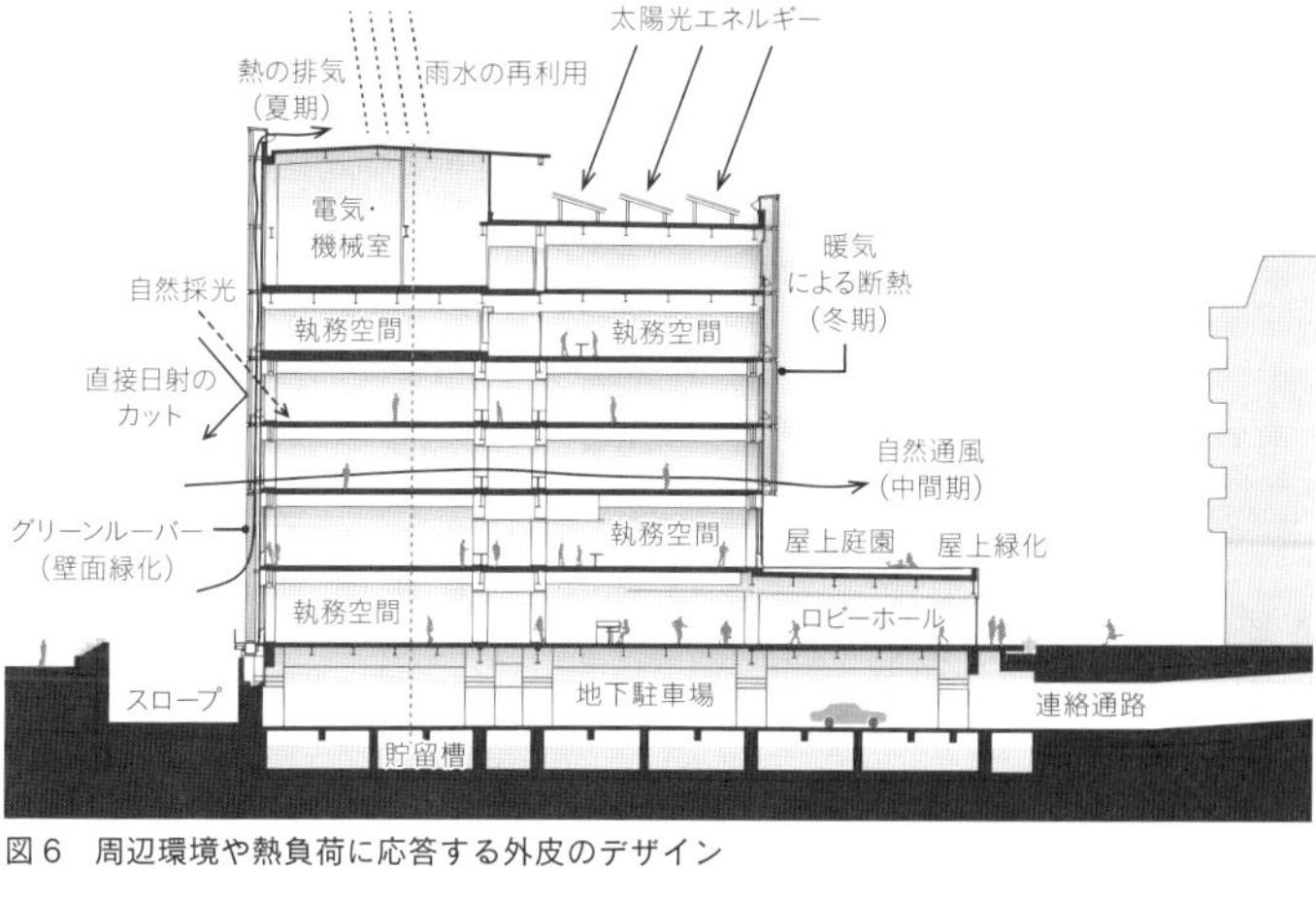

図6　周辺環境や熱負荷に応答する外皮のデザイン

敷地の記憶を可視化する

敷地にはかつて小牧山の玄関となる大手口につながる大手道があった。しかし、現代では跡形もなかったため、歴史をより身近に感じられる仕掛けとして、1階床や外構舗装の仕上げを変えて大手道ラインを再現した（図7）。一見、床のデザインにも見えるこのラインは知る人ぞ知る歴史の跡として歴史好きには好評のようである。また、大手道とつながる仕掛けとして、もっと大胆な提案もしていた。それは建物最北端の3階屋上庭園と小牧山大手道を、道路をまたぎ空中歩廊でつなげるというものであった。市庁舎と小牧山を直接行き来できる提案であったが、道路上空に橋を架ける大がかりな工事が発生するため、さすがに施主を説得するこ

図7　再現した大手道ラインが通る受付カウンターの空間（撮影：近代建築社）

とはできなかった。しかし「小牧山とのつながり」というコンセプトの強度を高めるためのチャレンジングな提案は、実りはしなかったものの重要なプロセスであったと感じている。

「敷地」は建築の大きな与条件（図8）だが、敷地やその周辺環境をどのように理解・解釈するか、新たにつくる空間を調和させるか対比させるか、その判断は設計者ごとに異なる。このプロジェクトを通じ徹底して敷地や環境に向き合った経験は、その後担当した多くのプロジェクトでも、建築を考える足場となっている。

小原信哉（こはら・のぶや）
1979年兵庫県生まれ。2005年立命館大学大学院環境社会工学研究科修了後、株式会社山下設計勤務。［立命館大学BKCスポーツ健康コモンズ］［伊予市文化交流センター］［柏原市庁舎］などを担当。現在は博物館や本社社屋などを担当し、2015年〜立命館大学都市建築デザイン学科の非常勤講師を務めている。

図8　竣工後に南側から見た新庁舎。ランドスケープは小牧山の裾野とつながり庁舎も風景の一部となった（撮影：近代建築社）

5年目

ベテランに支えられつつプロジェクトの舵を取る

——海外メーカーのオフィス

大屋泰輝
株式会社大林組

現場が動き出す昂揚感

「新人」を卒業して「若手設計者」と呼ばれる4〜6年目は、ある程度実務をこなせるようになったとはいえ、設計時に自分の描いた線が実際のかたちとなる経験がまだまだ少ない。本当にかたちになるのか?という不安が募る分、実空間が建ち上がった際の感動も同じくらい大きい。特に現場が動き出す段階というのは、たくさんの苦労や臨場感、達成感が詰まった特別

図1　北面外観。主幹製品である直動部品のイメージが建物の顔となる
（撮影：株式会社伸和／木原慎二）

なフェーズである。しかしそれは設計者に限ったことではない。例えば思いをもって設計を依頼してくれた施主も、経験の浅い若手の施工者も、あるいは経験豊富なベテラン現場監督でさえ、皆一様に「初めての現場」に不安や葛藤や昂揚感を抱えている。現場が動き出すとき、そこに関わる人々が様々な思いをもつからこそ、施主・設計者・施工者の3者が同じゴールを見据えて協働しなければ、建築はできあがらない。ここでは私が入社5年目で担当した「ハイウィン神戸本社」（図1）について、現場段階での設計者の仕事の一端を紹介する。

前途多難な工事着工

施主は台湾にある企業で、世界12か国に拠点を置き、世界トップクラスのシェアを誇る「次世代のものづくりを支える」グローバル企業・ハイウィン株式会社である。主に直動機器（工作機、自動車、半導体、製造装置で納入される部品）や機械要素部品などのメカトロ製品などの開発、製造を行っている。彼らが神戸に設立する、研究開発機能を備えた日本法人本社屋の設計依頼を受けたのが２０２０年1月のことで

であった。

基本設計・実施設計を無事に終えたものの、そこからが難航を極めた。最も大きな困難となったのは、新型コロナ感染症の拡大だ。この影響により工事の着工は当初予定していたよりも約半年遅れ、2021年6月にずれ込んでしまう(図2)。おまけに施主は海外企業である。渡航制限がかかるなか、日本法人の担当者が窓口となり、本国である台湾側に確認をとっていく体制をとった。コロナ禍で工事がずれ込んだ期間中にも、アフターコロナに向けての変更要望が多く発生したものの、1年という工期は変えない、という契約で工事をスタートした。

1人の設計者を支えるたくさんの人々

この案件は少し背伸びをさせてもらって、当時入社5年目だった私が主担当としてプロジェクトを進めることとなった。

図2 建設中の状況。短工期のため急ピッチで工事が進んでいく
(撮影:株式会社伸和/木原慎二)

まず、経験の浅い私をサポートする立場として10歳ほど歳上の先輩に現場段階から参画していただき、技術的に不足する部分のフォローやアドバイスを受けられるよう、社内チームの体制を整えてもらった。また社外にも多くの協力者がいた。行政協議は神戸の設計事務所にフォローを依頼し、神戸市の条例に適合しているか、またその手続きなどの手ほどきを受けながら行政協議を行った。施設の運営や什器、外構に関する詳細な計画は、施主と共に植栽メンテ業者・家具メーカー・展示会社と協働しながら現場段階での設計作業を進めた。

現場では所長や設計長、工事長といった現場のメンバーに加え、時には各工事の番頭さんも交えて毎週の打合せを進めていった。このように、主担当ながら若手設計者である私のまわりには、ベテラン設計者、行政手続きのプロ、植栽・家具・展示のスペシャリスト、技術力のある現場の人たちとそれを支える職人さんたち、たくさんのその道のプロ（皆私よりずっと年上だった）がいて、その人たちのバックアップに

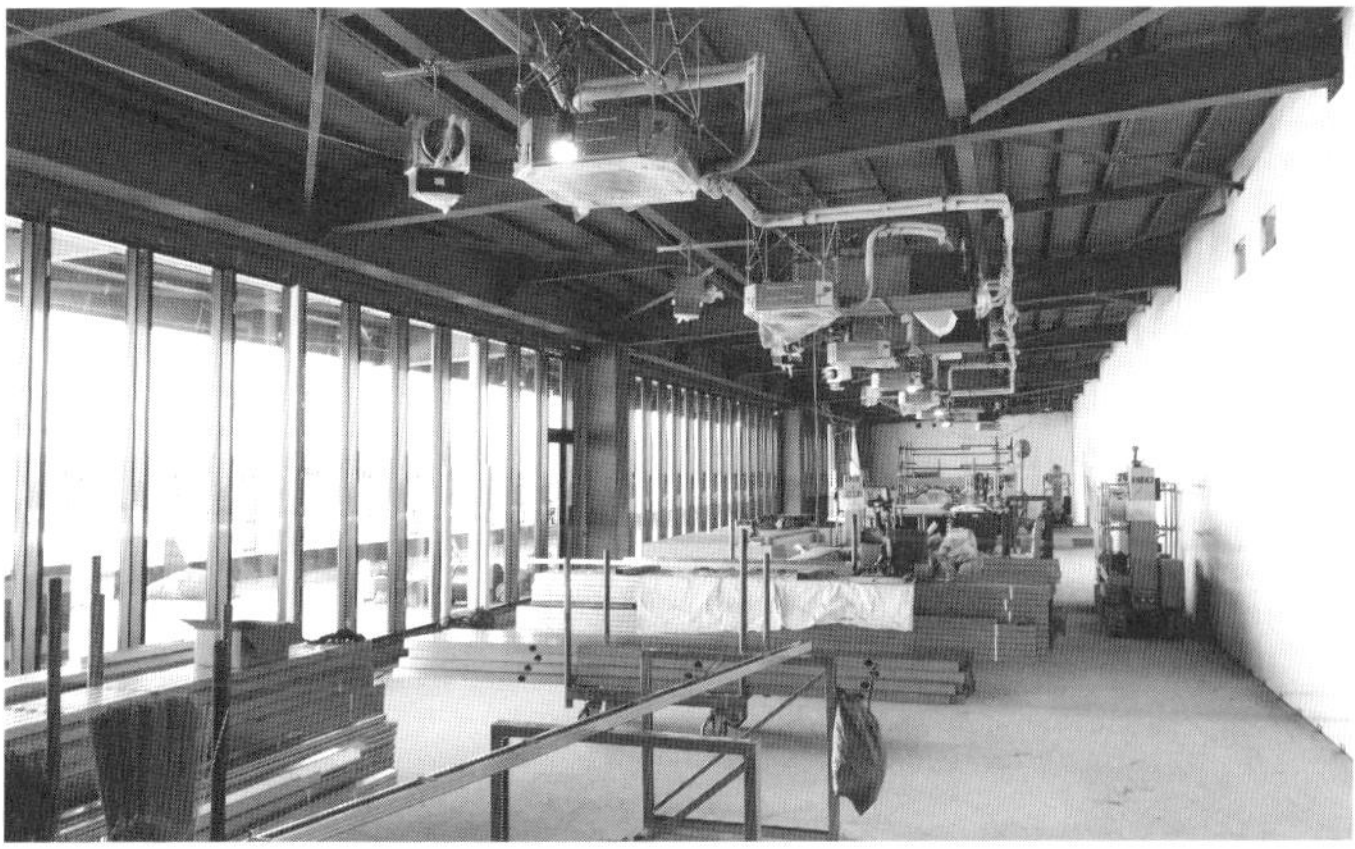

図３　建設中の状況。引き渡しに向けてのラストスパートとなる内装フェーズ

よってプロジェクトが進行していく（図3）。それを特に実感できるのはこれらの関係者が一堂に会する現場定例の場である。そこでは皆がプロとして知恵を出しあいながら、プロジェクトをどうにか前に進めようとしてくれる。こういったとき、私はプロジェクト全体の舵取りをしていく立場として立ち回った。

1〜3年目の時と違うのは、チームで現場を動かす経験値の引き出しが増え、だれに何を相談すれば物事が動き、課題を解決できるのかが明確になっていくことである。このプロジェクトでも彼らからたくさんのことを教わり、自身の成長を強く実感できた。

施主とどうやってイメージを共有するか

工事が着工してから特に苦心したのは、パンデミックで海外渡航に制限があったため、施主に直接会うことができない、現場にも来てもらうことができないという状況だった。会議はウェブ会議が中心だった。ＩＴ技術が普及し、遠くにいる人との打合せが容易になった一方で、建築は場所や物質に還元される分、伝達しきれない情報も多くあった。彼らに現場の状況や空気感を伝え、一つひとつの素材の質感、色を理解してもらうにも、実物が手元になければ合意の決め手もない。施主の最終決定権が台湾にあり、社長の予定をおさえるだけでも何人もの人を間に経由するため、時間がかかってしまう。直接会って、同じものを見て、理解しあうという、これまでできていたことができなくなることに、とても困難を感じた時期でもあった。

このような状況をどう乗り越えるか。まずは、現場と各材料の発注スケジュールをしっかり共有し、そこから逆算してモノ決めのスケジュールを組み立てることにした。打合せのスケジュールは、発注スケジュールに遅れないよう、日本法人側の担当者と綿密に予定をすり合わせることを徹底した。現場には、とにかくたくさんの建材のサンプルを入手してもらい、それらをすべて台湾に送ることにした（図4）。ウェブ会議でのプレゼン時には、日本と台湾で同じサンプルを並べ、日本法人側の担当者に通訳してもらいながら、イメージパースと対応する実物サンプルを一対一で解説することで、言語や質感といったギャップを埋めていった。このようなやり取りを繰り返すことで、場所や文化を超えたつながりから、少しずつ建築が最終型に近づいていった。

設計者の強い想いが建築をつくる

並行して現場とも毎週打合せをし、設計図で表現しきれていない部分の調整やモノ決めを詰めていく日々が続いた。エントランスの庇の壁はコンクリートの化粧打ち放しとし、そこに楕円形の開口を開けていたが、風水を大切にする施主

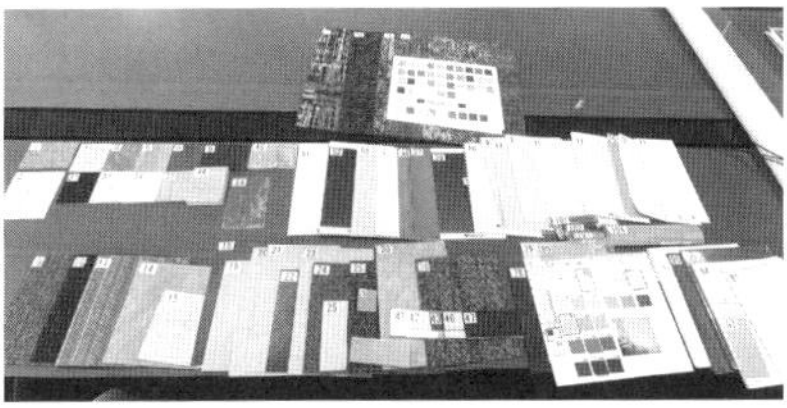
図4　台湾に送付するサンプルたち

に対して風水尺という寸法体系を利用して、風水的に吉となるようにすべての寸法を決めていった（図5）。型枠の目地やPコン（セパ穴）の位置など、細かい寸法は現場と詳細に打合せた甲斐もあって、所長もその思いを受け取ってこちらの要望どおりに施工してくれた（図6）。私たちには何も言わなかったが、見たことないくらい丁寧に型枠を組み、腕の良い職人さんを集め、完璧な仕上がりにしてくれた。設計者の想いが強い部分は、現場もしっかりと応えてくれる、そんな良いチームだった。

一方でこちらの意図をうまく伝達できず、間違った施工で進みかけた部分もあった。見せ場としている階段段板の小口の色が違っていたのだ。ステンレスの段鼻の色が違和感なく連続するような色とするつもりが、うまく伝わっていなかった。現地に赴いたタイミングではま

図5　エントランスの庇受け壁
（撮影：株式会社伸和／木原慎二）

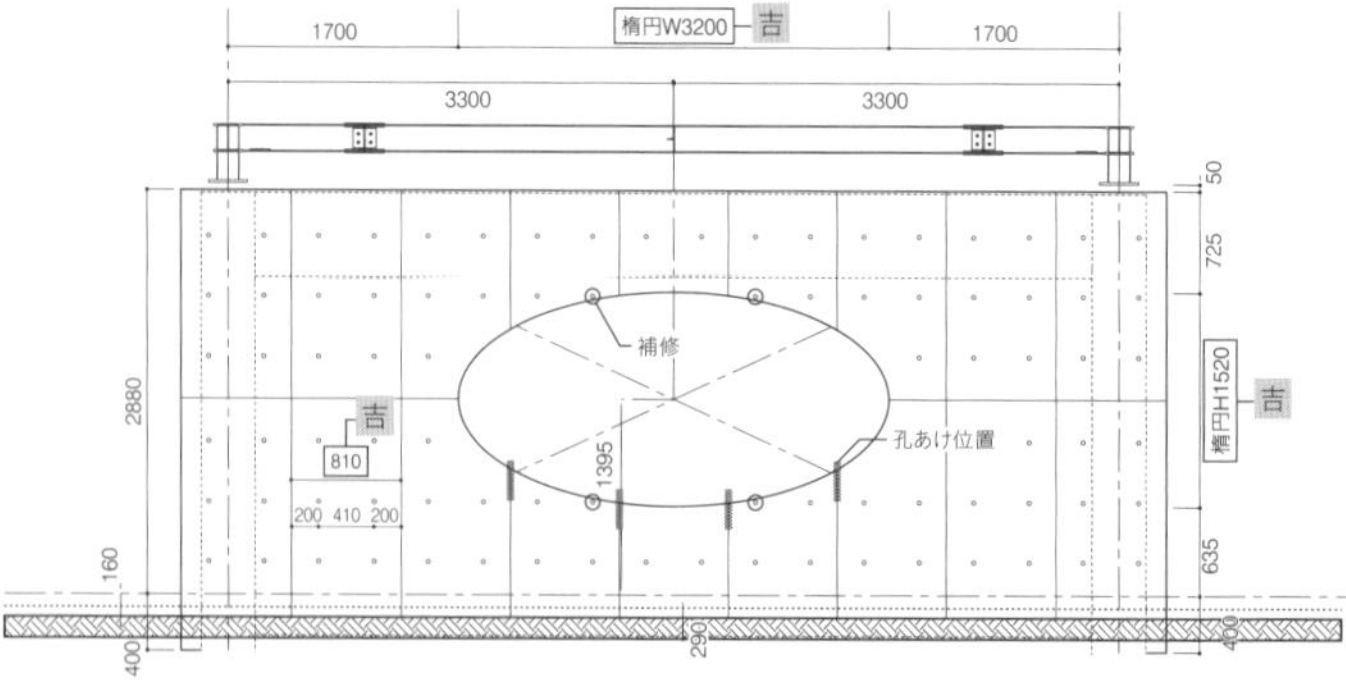

図6　エントランスは、型枠やセパ割まで風水尺で吉である寸法を検証した

だ色は塗られていなかったものの、工事も佳境で、既に塗料を手配している状況だった。私は一旦会社に戻ったのだが、やっぱりこのまま進めるわけにはいかない。急いでパースをつくり直し、このままいくとどうなるか、本当はどう見せたかったのかを、もう一度所長に理解してもらうため、資料をたくさん用意して現場に向かった。ひととおり説明しきると、所長は塗料の再手配を承諾してくれた。次の日現場に出向くと、指示した通りの色が塗られていた（図7）。

施主・設計者・現場が三者でアイデアをかたちにする

工期も後半にさしかかり、建物の内装の工事が始まったころ。施主・現場とも協力関係が構築できたと確信したタイミングで、ある提案をさせてもらった。それは施主の製品である「リニアガイド」という主力製品の一つ

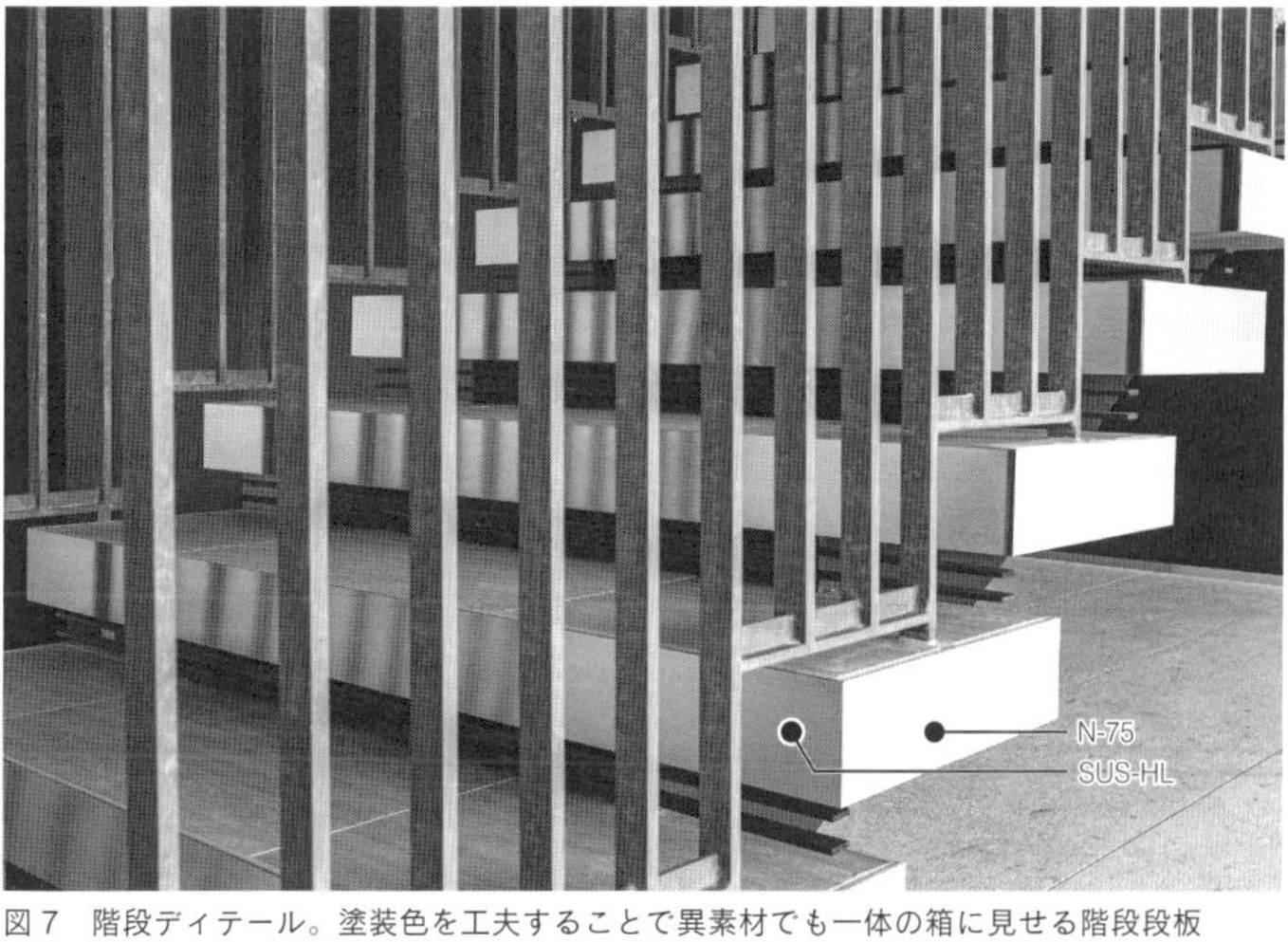

図７　階段ディテール。塗装色を工夫することで異素材でも一体の箱に見せる階段段板

を利用して、サイン（会議室の在空表示）を計画するというアイデアだった（図8）。このアイデアは施主の製品展示会に何度か出向き、製品に触れながら製品の説明を受けていくなかで生まれたものだった。工場から製品を提供してもらい、現場の人たちと納まりを検討した。工期終盤の時間がないなかでも、皆が実現に向けて協働したことで実現に漕ぎ着けた。

竣工後、そのサインの前に立った人は皆楽しそうに製品に触れ、施主が誇らしげに自社製品の解説をしている姿が印象に残っている。小さな挑戦だったが、施主・設計者・現場それぞれがアイデアを出しあって実現したディテールだ。関わった皆が「自分がつくった」という感覚を強く持てたことにも、大きな意義を感じている。

完成したその先の姿を想像する

建物が竣工し、引き渡しを終えて改めてこのプロジェクトを振り返ると、当初自分が描いた線が実際にかたちとして立ち上がっていく醍醐味はもとより、たくさんの人との関わりを通してかたちになったという事実に、最

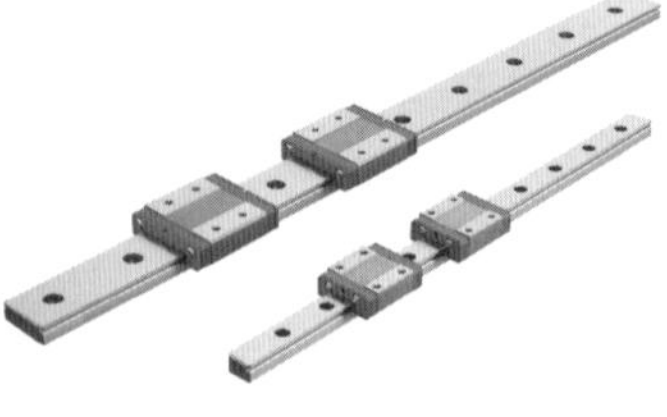

図8　会議室サイン。施主の主幹製品である「リニアガイド」を組み込んだ

も大きな達成感を感じている自分がいた。建築で社会をより良くすることに寄与するのが設計者の使命だが、その根底には、人が人のために建築をつくるという至極当たり前のやりがいがある。たくさんの人々の関わりのなかでできたこの建築を通して、建築が何のためにあるのかということを再認識できたことは、入社5～6年目の私にとってとても大切な経験となった。

一方で、現在も引き渡し後の施主の移転作業がまだ完了していないため、いまだにその空間が人に使われている姿を見ることができていない状況が続いていることはやるせない（図9）。まもなく施主の入居が完了し、たくさんの人々が施設を利用するはずだ。図面に描いた線がかたちとなった後、人々はどう空間を利用するのか。その姿を見られる日を心待ちにしている。

大屋泰輝（おおや・たいき）
1990年静岡県生まれ。2013年早稲田大学創造理工学部建築学科卒業、2013年～2014年ETSAB（バルセロナ建築大学）に留学、2016年早稲田大学創造理工学術院建築学研究科修了後、株式会社大林組に入社。東京本社で［大手町プレイス］を担当後大阪本店勤務。［ダイハツ京都工場］［ハイウィン神戸本社］［大林組大阪本店］などを担当。

図9　3階事務室。これから使われる姿を想像する
（株式会社伸和／木原慎二）

5年目

ミリ単位の調整でアイデアを実現する

――BIMが可能にしたデザインオフィス

出来佑也
株式会社昭和設計

「クリエイティブネスト」というコンセプト

入社5年目の8月、設計プロポーザルの要綱が公表された。入社以来、オフィスビルや官公庁の庁舎など、はたらく環境を設計する業務に携わることが多く、これまでの経験を活かした空間提案ができるのではという期待感と、さらにプロポーザルに当選すれば、初めて主担当者として参画できるプロジェクトであったため、俄然力が入った。

図1　エントランス外観（撮影：松村芳治）

発注者は、ダイハツ工業株式会社の子会社でカーデザインを専門に行う「株式会社STUDIO SIGN」。提示されたテーマは「クリエイティブネスト（＝創造空間であり居心地の良い居所でもあるクリエイターの拠点）」と名付けられ、クリエイターが自然豊かな環境で快適にはたらくことができ、かつ新しい発想やデザインが生まれる場所が求められた（図1）。

カーデザインのプロセスを考える

そもそもカーデザイン会社ではどのようなはたらき方をするのか。設計を行う上で、まずはカーデザインを行うプロセスから紐解いていくことにした。この場所で行われる行為をしっかりと理解することで、最適な提案が可能になると考える。まず、カーデザインは主に「デザイナー」と「モデラー」という2種類のクリエイターによって成り立っている。前者はスケッチやパースを作成し、新しい車の完成イメージを生み出す。後者はデザイナーの

図2　モデルスタジオ（プロポーザル時のパース）

つくるイメージを基に、4分の1スケールや原寸のクレイモデルを製作・立体化し、さらにそのモデルを3次元で計測し、図面に落とし込む。立体化したモデルによって、デザイナーとモデラーがイメージを共有し、実現に向けた課題解決のためのフィードバックを行う（図2）。つまり、立体化したモデルがデザイナーとモデラーとの共通言語となり、描いては創り、創っては描きを何度も繰り返すことで、デザインを昇華していく。

さらにもう一つ、重要なステップがある。それはデザイナーとモデラーによってつくられた原寸大のモデルカーを、太陽光の下で人の目によって検証する行為である。「屋外検討場」と呼ばれるこの場所に設置されたターンテーブルにモデルカーを載せ、光の反射やボディの屈折、見る角度によって変化する色味などを人の目によってくまなく確認する。当然ながらここで検討されるモデルカーのデザインはトップシークレットの内容となる。

イノベーションを生みだすオフィス

約1カ月間のプロポーザルは上司と私の2人で取り組んだ。「デザイナー」と「モデラー」という全く異なる性質をもつ2種類のクリエイターが新しいアイデアを生む環境をつくることと、「屋外検討場」の重要性や機密性を両立するために、どのような提案ができるか。初めの2週間ほどは夜な夜な建物と屋外

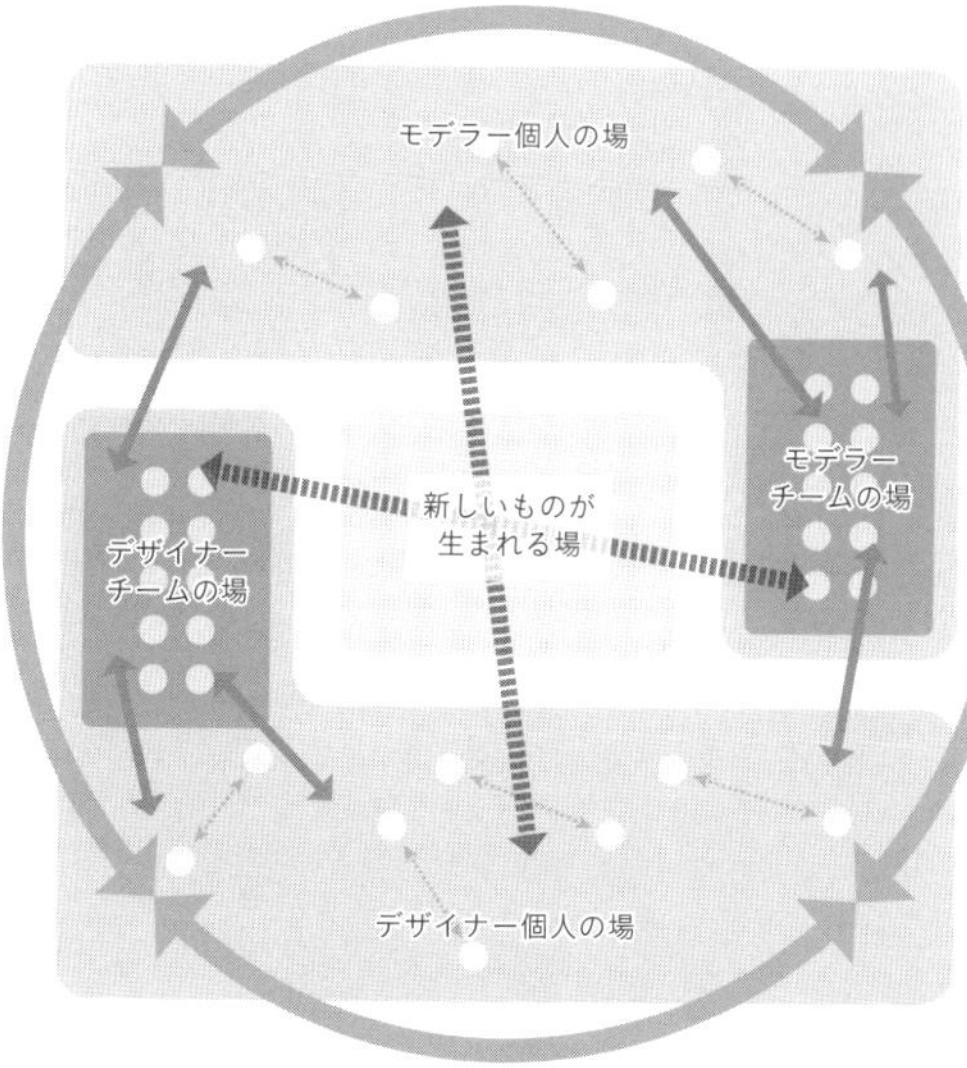

図３　イノベーションリングの概念図

図４　中庭型の新社屋（撮影：松村芳治）

検討状の配置の可能性についてスタディを行った。直接言葉は交わしていないが、この段階でのコンセプトメイクが当選の命運を分けることを、上司も私も互いに認識していたように思う。そうした試行錯誤を経て、私たちは「屋外検討場」を中心に据え、周囲を連続した執務空間が取り囲む、中庭型のオフィスを提案した。最終的な成果物であるモデルがかたちとなって現れる「屋外検討場」を中心に、それぞれのクリエイターの空間がつながり、「新しいもの＝目標・ゴール」を常に目指してはたらくことができるリング状の執務空間を「イノベーションリング」（図3、4）として、新社屋の骨格とした。このような配置とすることで、個人の力を発揮することはもちろん、チームとしてはたらく場所を共有し、相互に影響しあい、刺激を受けあい、時には競合することで、新しいものや発想が生まれる場所を目指した。

「そのまま実現してください」

同年9月、プレゼンテーションを経て無事当選を勝ち取ったことで、いよいよ設計がスタートする。プロポーザル当選後、業務都合により、担当者が変わることもしばしばあるが、今回は当初の予定どおり主担当として参画することができた。提案時と同じ上司とともに、意匠計画は2人で行った。

プロポーザル案の評価は上々だった。第1回目の打合せでは当時のSTUDIO SIGN社長から「素晴らしいものを提案していただいた。是非ともこれを『そのまま』実現させてほしい」というなんとも嬉しいコメントをいただいた。提案したものを認めてもらえた嬉しさと、直に感じる施主からの期待感、初めて主担当として取り組む意気込みも相まって、設計へのモチベーションの上がり具合といったら半端なものではなかった。

しかし、意気揚々と設計をスタートさせた私は、1カ月でつくり上げたプロポーザル案を『そのまま』実現することの難しさを、設計を行ってからほんの数週間で実感するのである。

屋外検討場と太陽光──シミュレーションを用いた課題解決

設計が始まってすぐ私たちを悩ませたのは、建物の中心に据えたカーデザインの必須条件である屋外検討場への太陽光である（図5）。ここだけの話、プロポーザル期間中は検討時間も短く、おおよその検討はしていたものの、詳細な日照シミュレーションを行うことができていなかった。

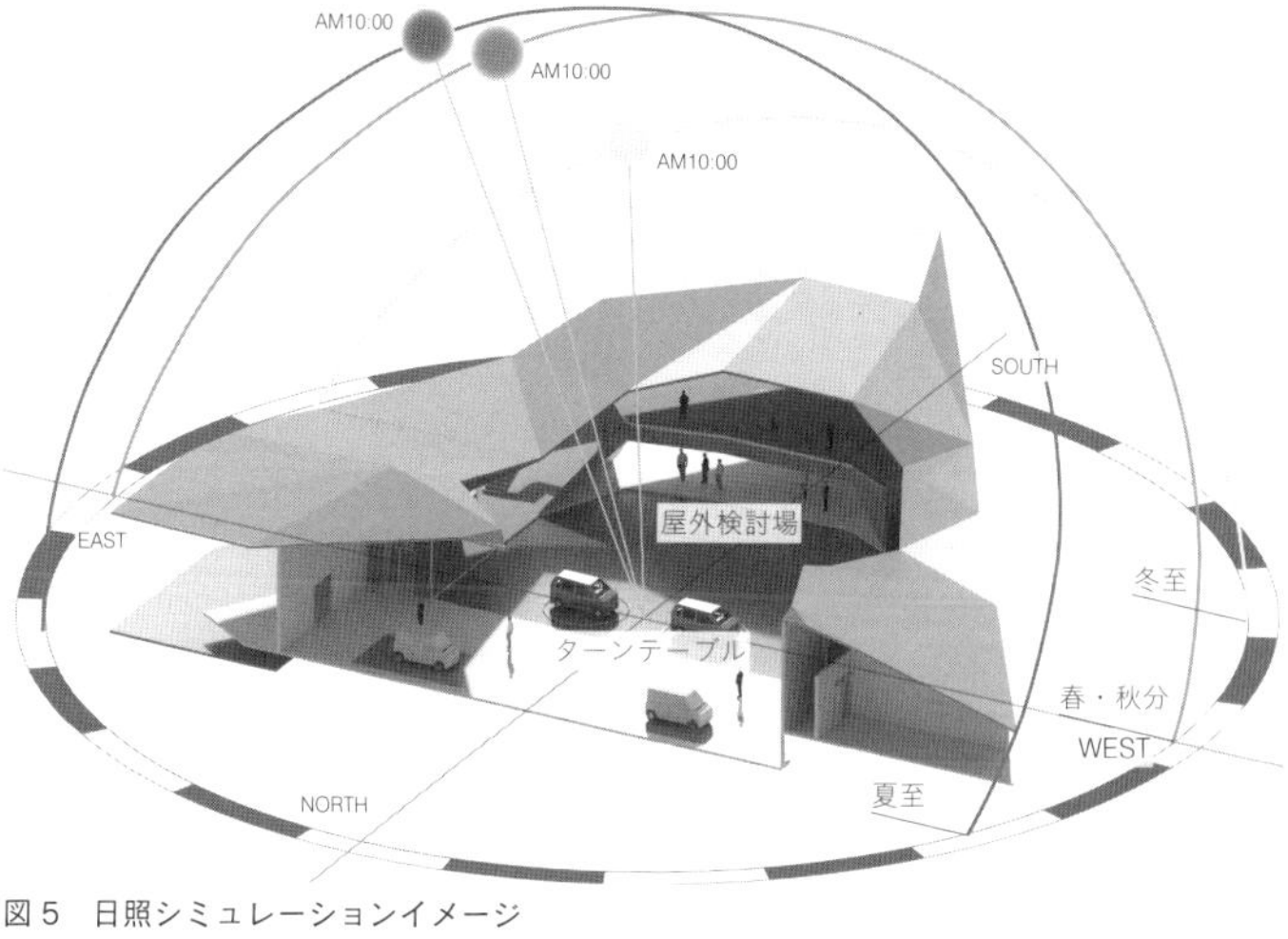

図5　日照シミュレーションイメージ

そのため設計着手後、すぐに日照シミュレーションに取り掛かり、提案の正当性を検証する必要があった。

当時の3次元CADは2009年の「BIM元年」以降、業界全体としても少しずつ浸透しつつある状況で、弊社はというと、部分的に設計に活用したりする程度。シミュレーションなどの応用的な使い方はそれほど前例をもっていなかった。そのため、使い方やどういった情報を入力していくのかなど、インターネットに公開されている情報などを頼りに、一つひとつ自分自身で調べながらの検証だった（図6）。

試行錯誤のなかでのシミュレーションであったが、悪い予感は的中するもの。プロポーザル案の建物形状では、屋外検討場に影を落とすことが判明した。その瞬間、打合せでの社長の言葉が頭をよぎり、嬉しかったはずの言葉から急にプレッシャーへと姿を変え、不安や焦りとも違う胃がキリキリするような感覚になったことを覚えている。

しかし「太陽高度が最も低い冬至において、午前10時から午後

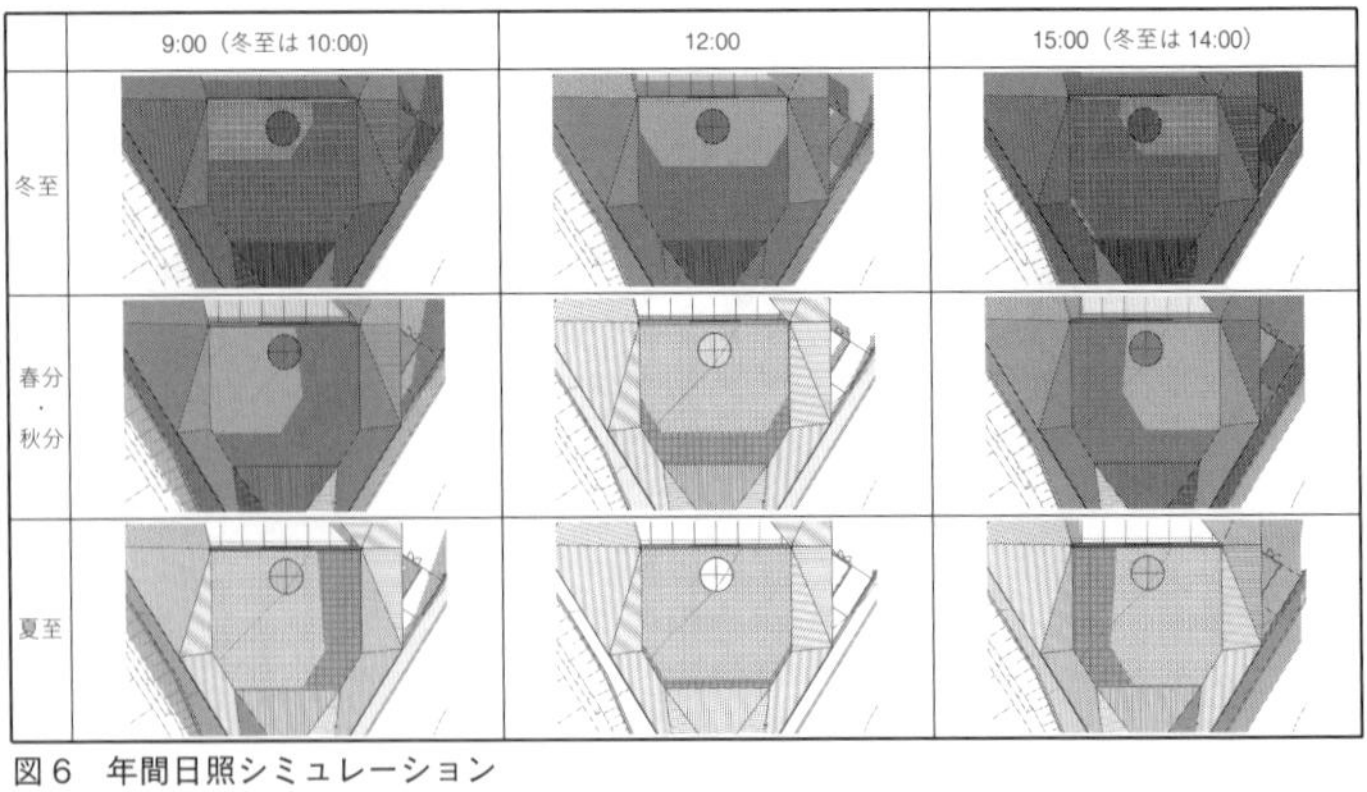

図6　年間日照シミュレーション

2時の間においても太陽光を確保する」という施主からの要望をとにかく達成するために、まずは執務空間に必要な天井高さ、梁寸法、屋根の仕上げ厚さに至るまで詳細にデータを入力していくことにした。その上で、シミュレーションを行っては屋根の高さをミリ単位で調整し、屋根の折れ線の位置を修正し、かつ執務空間や天井懐の設備スペースが問題なく納まっているかを一つひとつ丁寧に確認していくという作業を繰り返した（図7）。

　そうした微調整を設計の序盤から緻密に行うことで、なんとか要望を満たしながら、プロポーザルから提案していた中庭型のイノベーションオフィスを実現することができた。

提案すること・実現すること

　私たち設計者が何かを提案し、それを納得し、受け入れてもらうには、明確なコンセプトとそれを裏付ける確実な根拠が必要だ。普段の設計業務においてそれらが上手く合致せず、思い悩むこと

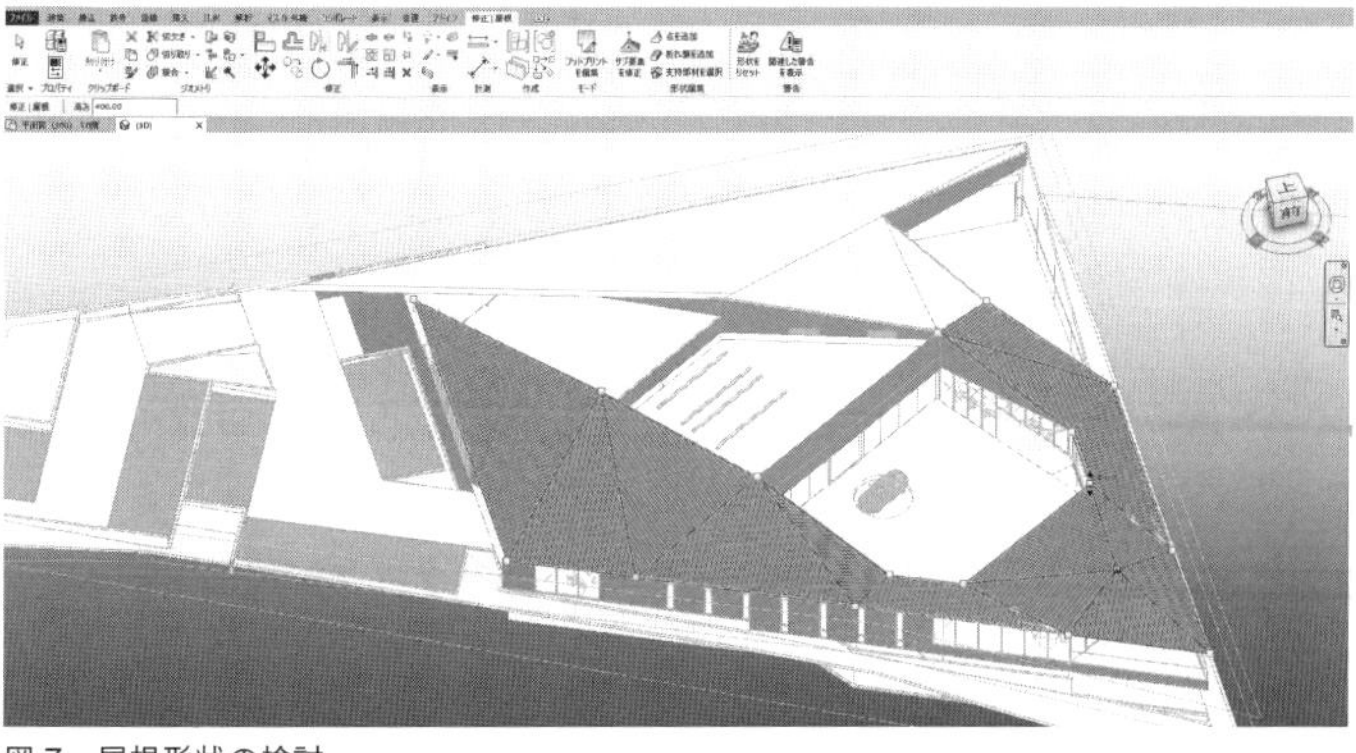

図7　屋根形状の検討

図８　全景（撮影：松村芳治）

が多々あるが、今回のプロジェクトでは3次元CADによるシミュレーションを用いることで、提案したコンセプトや建物形状に強い説得力を与えられたことに手応えを感じている。

一方で受け入れられた提案を最後までしっかりとかたちにしていく難しさにも気付かされたプロジェクトであった。設計を進めていくなかで見つかる様々な課題をいかに解決するか、その解決のための手法や経験をどれだけもちあわせているかが重要であることを痛感したプロジェクトだった。

実施設計がひと段落した後、6年目になった私は部署異動のため、プロジェクトを離れ、現場の監理・意図伝達は上司に任された。現場での大きな変更はなく、竣工後も屋外検討場はシミュレーションどおりの日照環境を実現できている（図8）。設計時から数年経った今も、自分の目でこの現場を見たかった思いは消えないが、これも組織ではたらく設計者の現実である。当時は提案から設計へと課題解決のための検討の大切さを身に染みて感じたが、設計から数年が経ち、違う現場も経験した今は、現場で大きな変更もなく、提案したものを「そのまま」建築として完成させた現場の努力も、身をもってわかるのである。

出来佑也（でき・ゆうや）
1986年兵庫県生まれ。2012年大阪大学大学院修了後、株式会社昭和設計勤務。オフィスビルや学校、交流施設などを担当。現在は、[某大学施設]など担当している。

5年目

一歩踏み込んだデザインをチームで実現する

——賑わいを可視化するショールーム

宮武慎一
株式会社安井建築設計事務所

企業のアイデンティティを表象する建築

「人やまちを元気にする」これは、安井建築設計事務所の佐野吉彦社長の言葉であり、会社のコーポレートメッセージである。また、僕が設計をする上で一番大切にしたいと考えていることでもある。

設計を担当した［hu＋gMUSEUM］は大阪ガス発祥の地であり、京セラドーム大阪に隣接する大阪市西区の岩崎地区に

図1　御堂筋に建つ［大阪ガスビル］（撮影：淺川敏）

建つ大阪ガスの食と住まいの新たな情報発信拠点となる提案型ショールームである。安井建築設計事務所と大阪ガスの協業の歴史は古く、大阪のメインストリートである御堂筋に建つ［ガスビル］に始まる（図1）。創業者の安井武雄が1933年に南館を設計し、後に2代目の佐野正一が1966年に北館を増築したモダニズム建築である。南館は国の登録有形文化財に、また北館もその増築の巧みさから、建築界で非常に高い評価を受けている建築であり、まさに、安井建築設計事務所の魂のような建築である。［ガスビル］以降も大阪ガスとは長いお付き合いを続けてきた。そのような企業の情報発信拠点となるショールーム（図2）を入社5年目で設計することに、強いプレッシャーを感じていた。また直前の約半年間、上海に常駐して計画していたプロジェクトが頓挫してしまったことにより、今回のプロジェクトに対しては、自身としても強い期待感をもって臨んだ。

図2　大阪ガス発祥の地に建つ［hu + gMUSEUM］（撮影：古川泰造）

「human + gas」を表す施設名称

hu＋g（ハグ）という施設名は、人「human」とガス「gas」が出会い、ガスが本来もつ「ぬくもり」という価値で人を幸せにし、その先にあるあたたかな未来を実現する場所という想いを込めてつけられた。

内部には火のメッセージを伝える大型ＬＥＤビジョンや大阪ガスの考える未来の家、最大約１００名が同時調理可能なキッチンスタジオ、２５０名収容でどんな調理も可能な多目的ホールなど、施設名のコンセプトを具現化するプログラムを内包すると同時に、ハードとしても最先端の環境建築を目指すこととなった。

透明性で人やまちを元気にする

設計を開始した当初から、内部の賑わいや「幸せな未来」というコンセプトメッセージをまちに発信できる建築を目指していた。そのため交差点に対して、大きな吹抜けと透明度の高いカーテンウォールの開放的な意匠とすることで、内外がインタラクティブにつながる建築がふさわしいと考えた。そうすることで、地域のランドマークとしても開発が進むエリア全体を活気づけ、人やまちを元気にできる。一方、このような計画が大きな環境負荷を伴うことは、これまでの少ない経験からも容易に想像ができた。開放的な意匠を実現しながら、環境負荷をどのように抑えるかが課題だった。

開放性と閉鎖性が共存するファサードデザイン

設計を進めるなかで、いくつかの最新のショールームや同種・類似の建築の見学を行った。透明なガラスファサードにより開放的で、まちに対して展示空間や企業のブランドイメージを発信するというコンセプト、そのための設計者の苦労や努力を学ぶことができた一方で、ガラスを多用することで本来隠したい部分が露出している事例、環境的にも大きな負荷となっている事例に多く出会った。入社後の5年間で、学生の頃は想像できなかったユーザーの立場に立った計画の善し悪しを判断する力が少しは身に付いたことで、計画段階で思考の幅を広げることができた。

ショールームに必要な機能を満足させながら、まちに賑わいを発信できるデザインとして様々なパターンの外装デザインを考えた。結果的には、壁面を大胆に斜めに切り取ったファサードデザインを提案した（図3～5）。外壁を大きく斜めに切り取ることで、まちへの開放性と閉鎖性を共存させながら、建築自体が未来

図3　内部と外部が連続する透明性の高い開放的な展示空間（撮影：古川泰造）

図４　斜めに大きく切り取られたガラスと金属パネルのファサード（撮影：古川泰造）

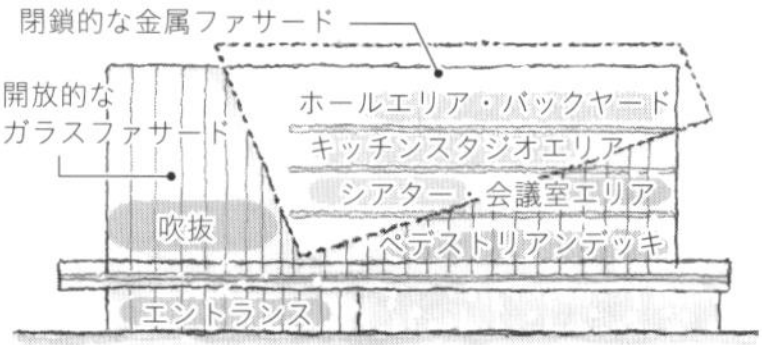

図５　ファサードダイアグラム

図６　メタルポイントとガラスリブによる透明感の高いファサード（撮影：古川泰造）

への強いメッセージを発信できる先進的でダイナミックなファサードデザインだ。開口部は、内外に向けて展示空間が発信できる透明感の高いデザインを追及した。透明性を確保するため、天井高10・5ｍの大きな吹抜け部は、１枚当たり、Ｗ１５００×Ｈ５０００㎜の大きなガラスをサッシュレスのメタルポイントとガラスリブで支持する工法を採用している（図６）。吹抜けの大きさや位置は、構造設計としつこく何度も打合せをしながら、同時に外からの見え方を3次元ＣＡＤ上で常に確認し、決定した。最終案に至るまで、なかなかデザインがまとまらず、社内の別チームのリーダーにもたくさんのスケッチを見てもらいながら夜な夜な考え、設計の産みの苦しみを味わったことをよく覚えている。余談になるが、斜めに傾いた外壁の角度は、これからも続く地球とガスの幸せな関係性を願って、東側は地軸の回転角度である23・4度に設定し、角度の延長線上には北極星が見えるようにと北側は、気体の天然ガスを液化する際の沸点であるマイナス１６２度という数値を採用し、環境にやさしい天然ガスの利用を広めたいという思いが込められている。

斜めに傾いた外壁を実現する

斜めに傾けたデザインの外壁を実現することは、技術的になかなか難しい。1枚のパネルを2点以上で固定する必要があり、大地震時の揺れに対して、層間の変位を吸収する方法が課題であった。構造担当と知恵を出しあい、縦横約25×60ｍの壁面全体を1枚の大きな壁として扱い、ステンレス製のすべり材（図7）

が地震時には壁面全体をスライドさせる構造とした。すべり材は同型ではなく、高さによって大きさ・形状を変更し、できるだけ外部意匠として存在感を消せるように構造担当と調整した。北面の金属パネル部だけでも、計３００カ所以上のすべり材を取り付けている（図８）。計画を安易に単純化せず、なんとしてもこのデザインを実現するという若造の強い熱意がチームに一体感を生み、困難な形状を達成できたのではないかと思っている。

図７　パネルを固定したすべり材

環境性能を兼ね備えた外装システム「ウォールダクト」

斜めに傾いた外壁は意匠面だけでなく、夏の日射や冬の寒気に左右されない快適な内部空間をつくり、環境負荷を下げることに貢献したが、さらに新しい挑戦も行った。設備設計の担当者が、外装金属パネルと建物外壁の間に通気層を設け、ダブルスキンの効果を得ることで空調負荷

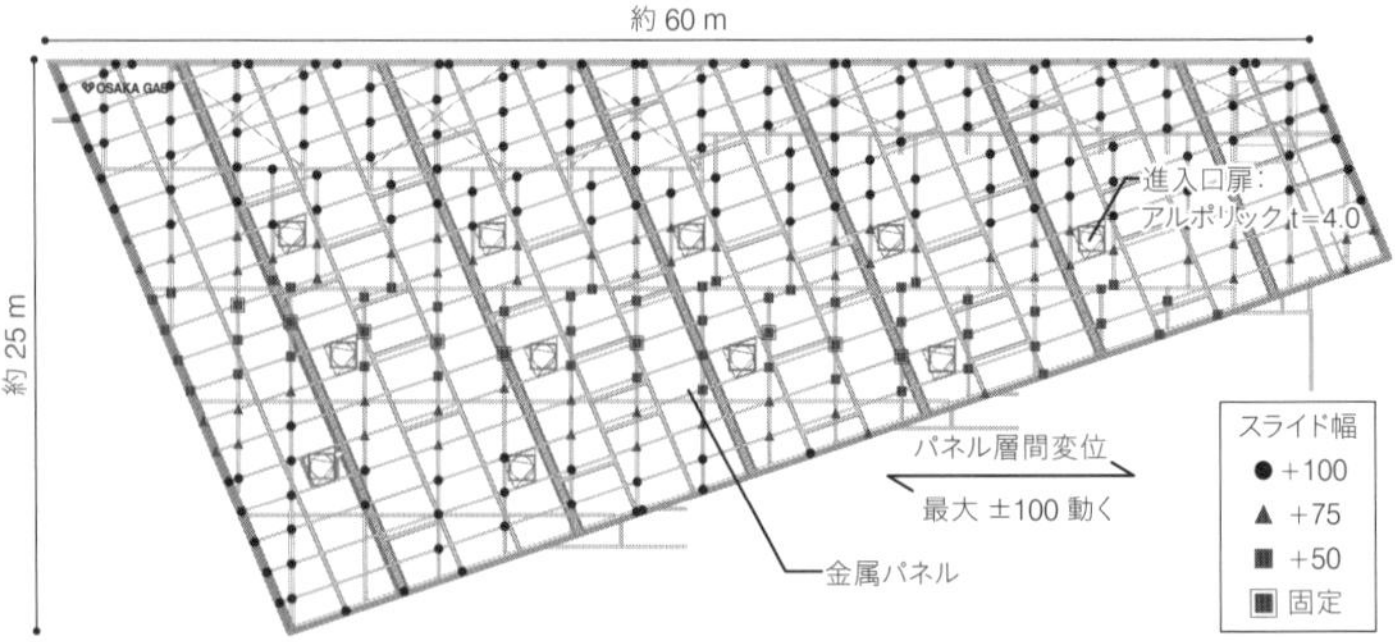

図８　北面の金属外壁を実現するための、すべり材の配置

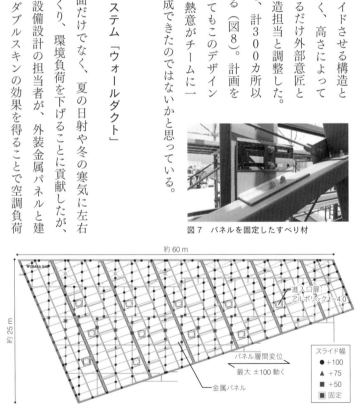

を軽減するアイデアを提案してくれたのだ（ウォールダクトシステム）（図9）。入社5年目の意匠設計者として、実務の流れや建築の構造についてはおおむね理解しつつあったが、空気の流れなど目に見えない環境要素の動きは当時未知の領域だった。実現に向けて、空気層の幅や頂部の高さ、排気口の位置や大きさなど、複数のパターンで検証を行い、最大の効果が得られる仕様を模索した。

竣工後、年間44％以上の省エネ効果を実現したウォールダクトの効果をサーモカメラの画像で目の当たりにしたとき、意匠性と環境性の両面から建築をデザインすることの、確かな手ごたえを得ることができた。

未来に残したい環境を子どもたちと創造する

話は逸れるが、［hu＋gMUSEUM］の屋上には水田があり、年間を通じた環境学習と食育を提供している（図10）。

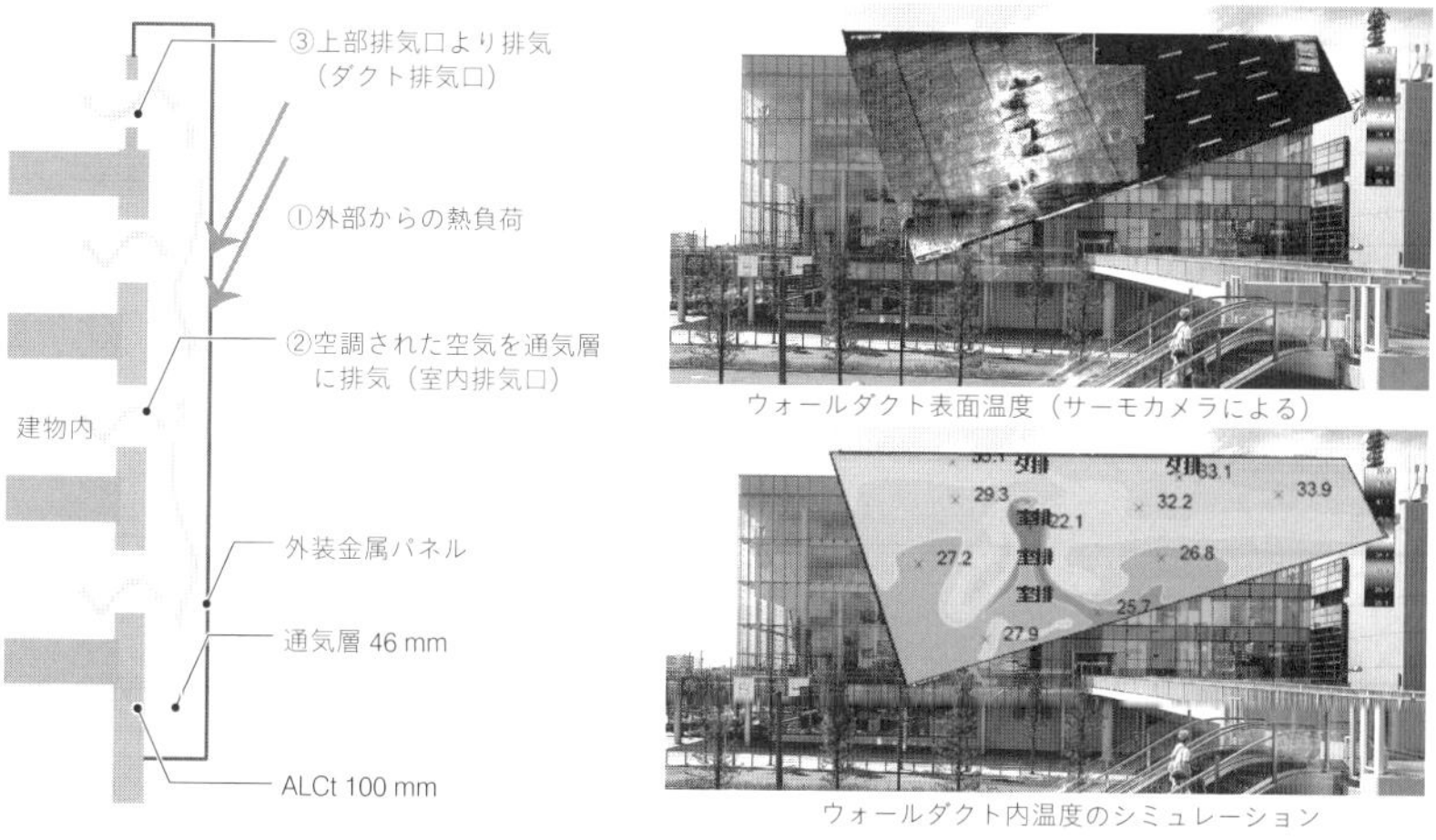

ウォールダクト表面温度（サーモカメラによる）
ウォールダクト内温度のシミュレーション

図9　ウォールダクトシステムと実際の温度分布検証

農作業に馴染みの少ない地元の小学生たちが田植え、稲刈り、キッチンスタジオでの炊飯までを体験できる。屋上に水田を設置する場合、構造の荷重や防水仕様、土の流出、虫対策など、計画全体で検討すべき事項が格段に複雑になってしまうため、施主から依頼を受けた際、二つ返事で回答できなかったことを覚えている。しかし、水位調整のシステムや排水ルート、土のブレンド比較実験等、一つずつ課題を整理していくうちに検討が楽しくなり、なんとか実現したいと思うようになっていた。オープンから5カ月後の晴天のある日、初めて田植えをする約100人の地元小学校の5年生たちはとてもいきいきしているように見えた。都市のビルの屋上での田植え体験。泥んこで一生懸命に苗を植える子どもたちが口にする「お米づくりって大変なんだね」という言葉や、「こんな体験ができる場所があって嬉しい」という言葉を聞いた時、試行錯誤した細部の検討がようやく報われた気がした。地元の子どもたちに、この建築の屋上で「未来に残したいと思える豊かな環境」を体験しもらえたことを嬉しく思う。

図10　屋上で田植えを行う地元の小学生たち

人やまちを元気にする建築を目指して

建築には人やまちを元気にする力があると信じている。その場所がもつ本来の力やまちの人の秘めた思いを丁寧に読み取る建築に、僕自身もたくさん感動し、勇気を貰ってきた。入社5年目に［hu＋gMUSEUM］（図11、12）の設計を開始し、竣工したのが8年目。竣工後に訪れた際、「面白い建物ができた」という利用者の会話を耳にし、設計者としてこれ以上ない幸せを感じると同時に、これからも人やまちを元気にする建築をつくっていきたいと強く思った。僕にとっては本当に大きな山だったと感じる一方で、自分はこれからも何とか設計者としてやっていけるのではないかという自信を生んでくれたプロジェクトとなった。

宮武慎一（みやたけ・しんいち）
1982年大阪府生まれ。2007年神戸大学大学院自然科学研究科修了後、株式会社安井建築設計事務所に入社。現在大阪事務所設計部設計主事。［堺地方合同庁舎］や［神戸大学先端膜工学研究拠点］［神戸ポートオアシス］［京都大学桂図書館］［京都競馬場整備工事］などを担当。

図11　夜間もまちに賑わいを生み出す［hu+gMUSEUM］
（撮影：古川泰造）

図12　内部の展示が外部に表出する建築
（撮影：古川泰造）

6年目

工業デザインの精度でゼロから寸法を問い直す

――原寸の2倍でスケッチしたテナントのディテール

高畑貴良志
株式会社日建設計

テナントとなったとある世界的企業

その日は突然やってきた。設計を担当していた［京都四条高倉セントラルビルディング（京都ゼロゲート）］の実施設計が完了し、「さあ、これから現場が始まるぞ！」と意気込んでいた時期である。ある日のビルオーナーとの定例会議にて、先方の担当者から「テナントがおおむね決まりました！」とのアナウンスを受けた。

通常、商業ビルにおいて主要テナントが決定するのは工事期間の後半であることが多く、思いのほかテナントが早く決定したことを知らされた当時入社6年目の私は「じっくりものつくりができるなぁ」程度

図1　正面写真（筆者撮影）

に思っていた。

担当者は「その主要テナントなのですが、アップルなのです」と付け加えた。「アップル？」直ぐにはピンとこなかった。「アップルってあのiPhoneをつくっているアップル！」と理解するには少し時間がかかった。担当者は続けて「ついてはアップルより〝若干の設計変更〟のご要望が出ているので、会議体を設けて設計見直しをお願いしたい」と付け加え〝若干の設計変更〟がスタートしたのであった。

誤解がないようにまずビルオーナーについて触れておきたい。［京都四条高倉セントラルビルディング／京都ゼロゲート内 アップル京都］という建物名称からもご想像いただけると思うのだが、複雑な関係性を内包した本建築物のビルオーナーは、ヒューリック株式会社であり、彼らが定める建物名称が［京都四条高倉セントラルビルディング］である。一方、このビル全体を賃借している事業者が株式会社パルコであり、彼らが定めた施設名称が［京都ゼロゲート］である。さらに株式会社パルコより低層部を賃借しているテナントがアップルであり、彼らがアップル京都という店舗を構えているといった具合だ（図1）。

「ミニマム・マキシマム」

２０１７年に竣工した［京都四条高倉セントラルビルディング／京都ゼロゲート内 アップル京都］は、伝統的な日本の形式である「障子」をモチーフとし、大判セラミックプリントガラスでダイナミックに表現した外装は、「店舗の賑わい」と「四条通の賑わい」を相互に映し出しながらも街並みに対しては端正な表情を与えている（図2）。古都京都の景観にふさわしい姿を目指し、一つひとつの寸法を丁寧に紡ぎ合わせることである種の緊張感を醸し出している。6年目というこの年次に本プロジェクトに関われた醍醐味は何かというと、なんといっても、ものづくりに関わってくれたすべての関係者の顔を思い出せることにある。それぞれの立場を乗り越え、共に苦労し、チャレンジする面白さを十二分に味わった6カ月間だった。

設計変更がスタートしてまもなく、これは〝若干の設計変更〟ではないということがわかり始めた。アップルの担当者とのやり取りはいつも刺激的だった。当初から掲げていた「障子」をモチーフにした外装という基本コンセプトにブレはないのだが、プロダクト目線でものづくりを考える彼らがとるアプローチは、一般的な建築のそれと全く異なるのである。彼らはとにかく、材料と材料が取り合う目地は最小限に細く（≒ミニマム）、選定する材料は最大限に大きく（≒マキシマム）することを重視した。見直しの作業は、デザインの大枠から細部に至るまで慎重に進められた。彼らは自分たちと、ビルオーナー・設計者・施工者のことを「チーム」と呼び、そのチーム内での共通言語は「Why ?」という「問い」に始まり、常に「なぜそうなっているのか?」と問い続けるのである。そういった「問い」から決定したディテール（細部）が全体のデザインを見直す起点となった。

ミニマム／工業製品と建築物の違い

こういった「問い」は、アップルが工業製品をデザインしている企業であること、デザインに対する純粋な問いをもつことを常に実践しているブランドビジョンに起因するのだと思う。難しいのは、この工業製品と建築物の製作プロセスの差をどう理解し、答えに結びつけるかである。ちょうど建築のイロハがわかり始めた年次に、そのイロハをもう一度問い直す機会が訪れたのである。

私は工業デザインの専門ではないが、工業デザインと建築物の差を理解する上で一番大きな点だと考えるのは、量産される工業製品はパーツ製作からアッセンブルまで全工程が工場で製作となる一方、建築物は一品生産であること。パーツこそ工場でつくられるが、最終的なアッセンブルは現

Outer skin configuration
精度が求められるアウターサッシュは、コマガラス工法を用い、工場製作のユニットサッシュとした。
万が一のガラス交換に備え、エッジスリット工法を併用し、ストラクチャーグレイジングの現場施工を可能としている。
アルミマリオンも敢えて細く見せず200の見付を確保。カバー材を用いることにより、部材のジョイントを8mmまで抑えた。

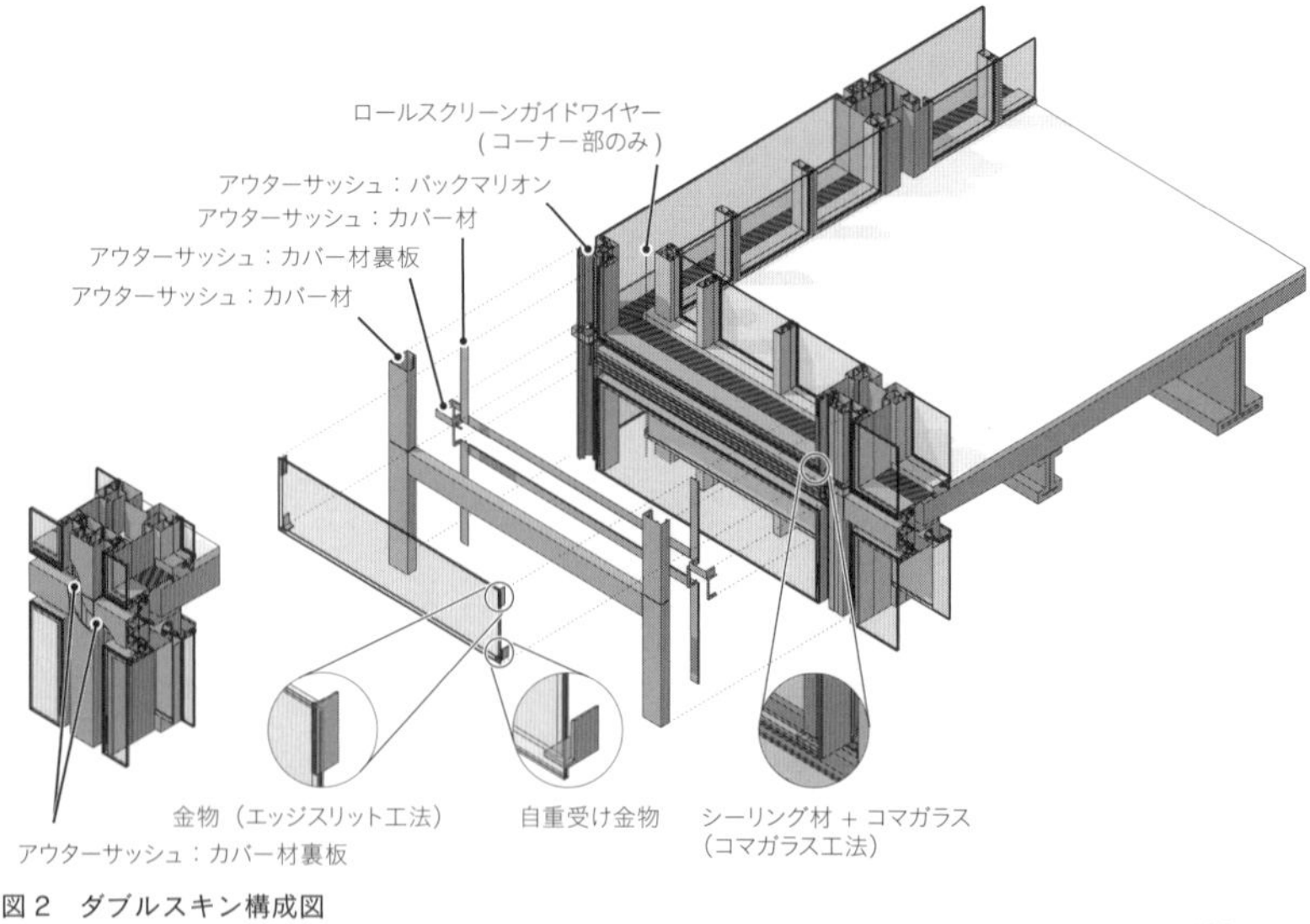

図2　ダブルスキン構成図

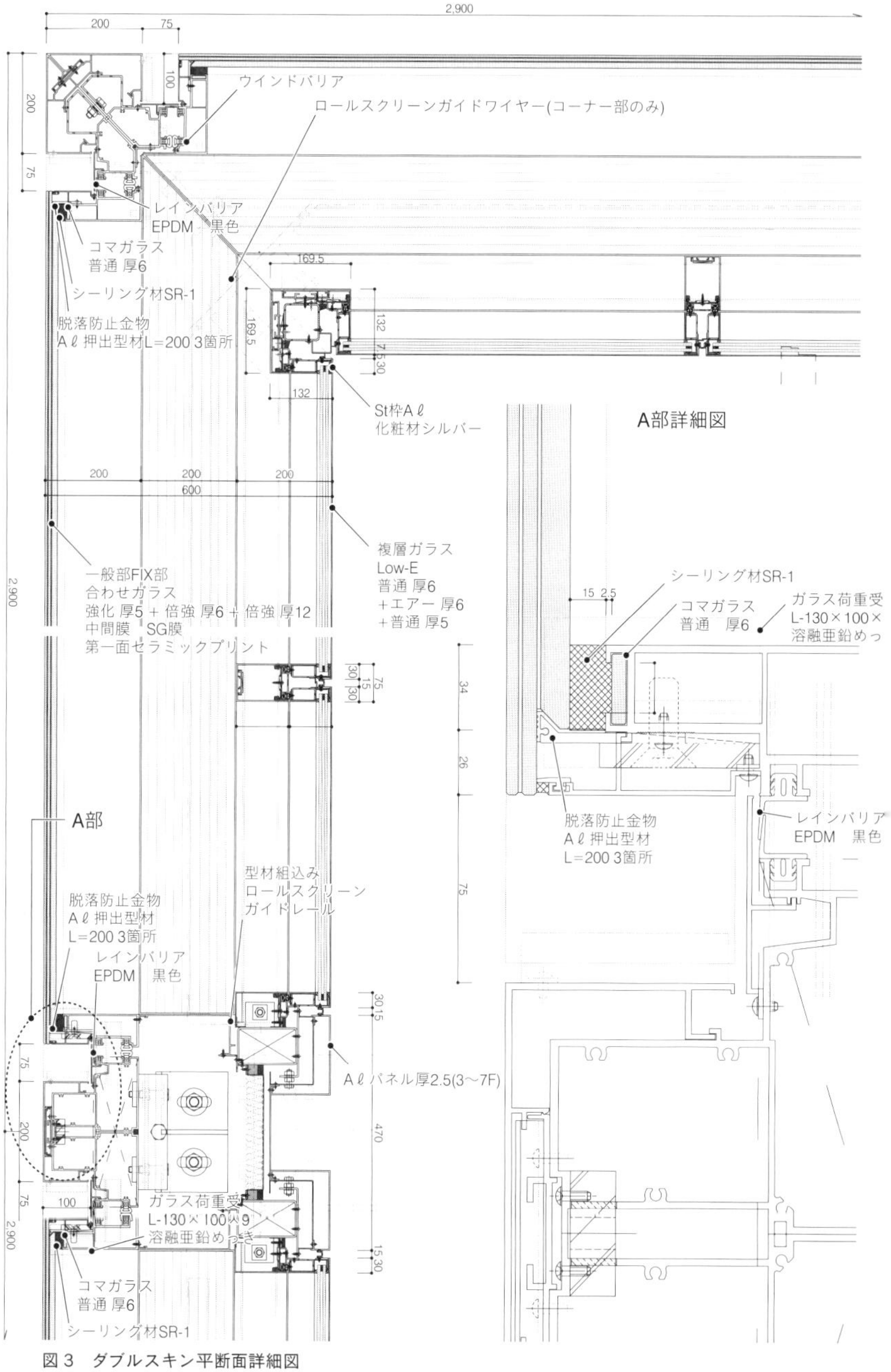

図3 ダブルスキン平断面詳細図

地にて行われる。工場で行われるパーツ製作においては、一見同じように思われるかもしれないが、精度管理値が全く異なる。かたやナノメートル、かたやミリメートルの世界だ。さらにアッセンブルを工場で行うのか、現地で行うのか、これによる許容誤差の管理値も全く異なる。考えてみてほしいのだが、建築物の扱うパーツはとても大きい。そういったパーツを現地にて風雨にさらされるなか、クレーンで吊りながらアッセンブルしていくのだ。そんな環境下に、部材同士に適切な離隔距離が確保されていなかったらどうなるだろう。よく建築業界では「逃げ」とい言葉が使われるのだが、この「逃げ」こそ、現地でアッセンブルする際にはとても大切なのである（工業製品では「遊び」という言葉が当てはまるかもしれない）。この工業製品ではあまり馴染みのない「逃げ」の寸法決めが、とても難しい。寸法を規定する様々な規格（ＪＩＳ規格／ＪＡＳ規格）ももちろんあるのだが、その「逃げ」を問い、ゼロから寸法を問い直し、決定していった（図3）。

マキシマム／最大寸法に意味はある

最小寸法の確認も進める一方で、最大寸法に対する検証も進めた。本建物のコンセプトである「障子」の和紙に当たる外装の大判セラミックプリントガラスの寸法も様々な要因を整理して決定された。工場にて製作可能な寸法か。工場から運搬可能な寸法か。現場にて取り付け可能な寸法か。工場にて加工可能な形状か。安全性は十分に確保されているか。建築基準法や景観条例に適合しているのか。工期に間に合うのか。様々な要因を一つひとつ整理し、「チーム」で理解を深めた。

ものづくりの限界

こういった様々な要因を整理し、限界に挑戦して決定した寸法は各所に現れている。例えば外装のサッシのジョイント部のクリアランスは、通常20㎜程度確保するが慣例だが、取り付け方法と順番を工夫することで、物性により決定されるアルミ型材の熱伸びのみ考慮した、8㎜としている（図3）。

和紙に見立てたセラミックプリントのドット半径は、光を透過する半透明性を都市スケールで表現するため、シルクスクリーンで製作可能な最小半径とした。こうした寸法は、ガラス加工メーカーの職人の知恵と経験を基に、その限界に迫るため、さらに複数種類のモックアップを製作し、試行錯誤により決定した（図4、5）。

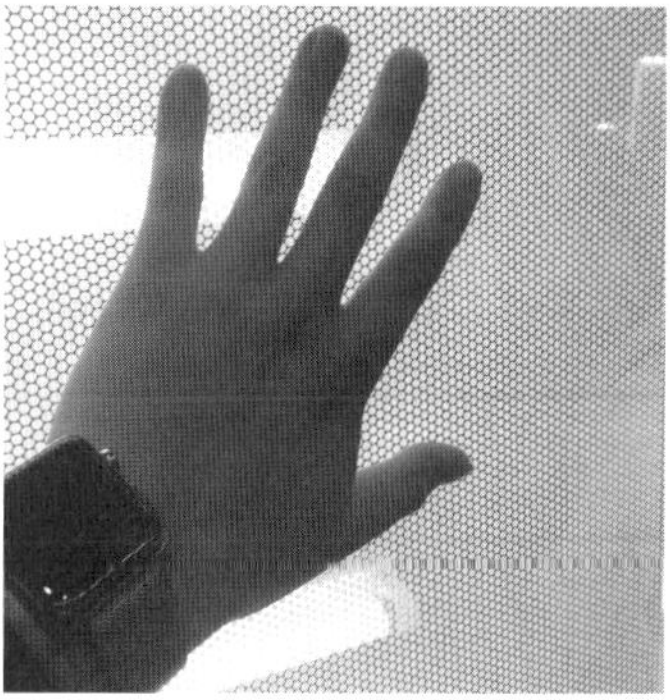

図4　ディテール（筆者撮影）

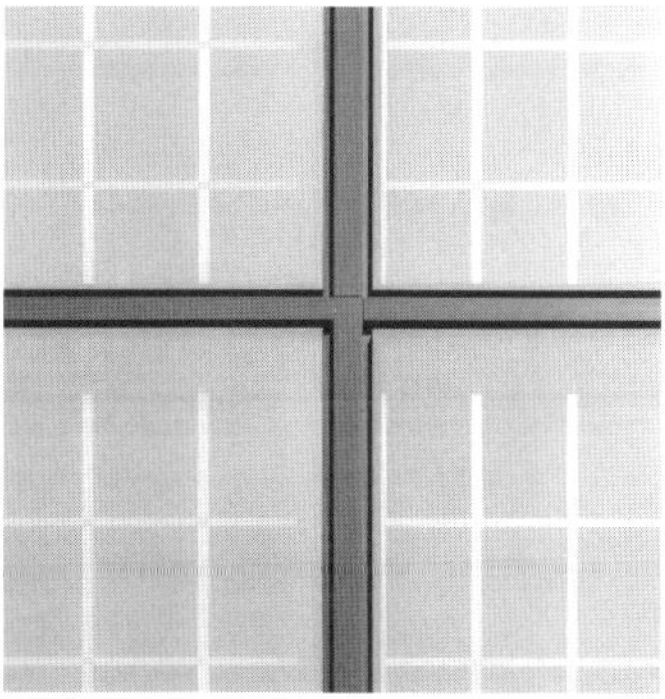

図5　セラミックプリント（撮影：東出写真事務所）

結局は人の手によってつくられている

ここまできてようやく気付いたことがある。極限にまで追求した各部材寸法の決定要因は、最後は人の手により決定されているということだ。「これこそが工業製品と建築物の違いだ！」と合点した時、同時にこんなことも思い出した。かつてiPodで採用されていたステンレス製の裏蓋は新潟にあるとある中小企業の職人が手作業で磨き上げていたという。なるほど、ものづくりとは工業製品であれ建築物であれ、究極を追求すると最後には「人の手でどこまで手間をかけられるか」に行きつくのだと。

工業製品レベルまで研ぎ澄まされた建築

極限の追求は、たくさんのチャレンジを伴った。1階エントランスに設置した大型ガラス一体型切削型鋼組合枠の

図6　大型ガラス一体型切削型鋼組合（筆者撮影）

自立型エンジンドアでは、熟練の技術者や職人さえも経験したことがない試行錯誤を経て生まれた。本来設計者が描くスケッチは、どんなに大きなスケッチでも原寸が最大だが、原寸の2倍でスケッチを描き、各技術者・職人と会話をすることもあった（図6、7）。

困難を極めた製作・施工だが、技術者・職人・そしてビルオーナーが一丸となって「日本のものづくりの底力を」という合言葉の下に知恵を出しあい、数々の困難を乗り越えていったのだ。完成した建築を前に、皆、大変だったことはきれいさっぱり忘れて「次もまたやりましょう！」と声を掛け合った。こういった経験が誇らしくもあり、次につながる自信にもつながってくるのが、この年次の特徴であるように思う。

高畑貴良志（たかはた・きよし）
1984年大阪府生まれ。2010年京都工芸繊維大学大学院建築設計学専攻修了後、株式会社日建設計勤務。［龍谷大学瀬田キャンパス9号館（龍谷大学瀬田キャンパステニスコート棟）（龍谷大学瀬田キャンパスカフェ棟）］［ハイメディック名古屋］［高槻城公園芸術文化劇場］などを担当。

図7　全景（撮影：東出写真事務所）

7年目

ニーズをシーンに変換するユーザーヒアリング

——社員の日常に寄り添う研究所

吉田悠佑
株式会社大林組

心地良く働ける社員のための空間

設計の仕事といっても、プロジェクトの規模や年数は千差万別だ。私の場合、入社して4年目までに比較的小～中規模のプロジェクトに携わり、設計から工事、竣工までをひととおり経験できたのは幸運だった。4～6年目は工場や研究施設の設計を担当した。華美な装飾を必要とせず、生産設備や実験機器を稼働させるための建築。発注者から要求された機能・性能を満

図１　総合研究開発センター外観（南面）（撮影：株式会社伸和／木原慎二）

足させるとはいえ、それだけではない。日々そこを使う人々が仕事に活気や魅力・やりがいを感じ、地域の環境とほどよくつながる心地良い空間をどのように〝創る〟か。そこに踏み込むことが「より生産性の高い施設」を生むと考えている。

社員のクリエイティビティを高める

［大阪ソーダ総合研究開発センター］（２０１７年11月竣工、図１）は、プロジェクト全体を眺める余裕が生まれてきた入社７年目のタイミングで始まった。研究所の設計経験があったので、基本設計から主担当として携わっている。発注者は、「独創的なものづくり」で数々のスペシャリティケミカルを生み出してきた企業である。創立１００周年を迎え、新規事業の研究機能を強化することを目指して計画された施設だ。初めて既存施設を見学した際、建物の老朽化とともに、閉鎖的で研究者同士の交流が生まれづらそうな研究室の環境を改善したいと思った。そこで先述した想いを込め、「オープンイノベーションで新たな発想や技術を生む施設をつくろう」と決意した。研究室は実験に適した安定した環境を満足させる必要があるため、外に開かれた空間とすることは難しい。そこで、普段は閉じた環境ではたらく研究者がクリエイティビティを発揮し、積極的なコミュニケーションを誘発させる接点を多く創出する空間構成を目指した。

中庭を核としたヒトやコトをかき混ぜるらせん空間の提案

施設は4階建てで、約30×38mの平面を3分割し南北に要求条件である研究室、オフィスなどを配置した。中央に4層貫く中庭を設け、自然採光と開放感を与える外部環境をつくり、この中庭を核としたヒトやコトをかき混ぜるらせん空間を提案した（図2）。このような空間を初めて発注者に提案した時には、期待感やワクワク感を伴う好意的な意見とともに「無駄な空間ではないか？」「オープンすぎないか？」「費用が高くなるのではないか？」などマイナスの意見も数多くあった。自分が必要だと思うだけではなく、空間が生む価値を丁寧に発注者と共有し、課題を解決していく必要があった。まず

図2　中庭を核としたらせん空間の断面パース

着手したのが模型やＢＩＭモデルの活用による設計案の立体化である。２次元の図面だけでは伝わりづらかった立体的な空間構成、フロアのつながりなどのイメージ共有を図った。さらに、実際にはたらく研究者が参加するヒアリングを各部門ごとに２〜３回開催した。同世代の研究者たちからは、「研究室以外で集中できるスペースがほしい」「自然を感じ、リフレッシュしたい」「研究の成果をもっと発信したい」「就職を目指す学生にも自慢できる研究所にしたい」など、ざっくばらんな意見が聞け、継続した議論の場をつくることができた。

シーンを共有するユーザーとの徹底的な議論

ヒアリングの最大の目的は、オープンスペースは単なる余剰空間ではなく、こうしたニーズの受け皿となりうることを伝えるためだった。例えば自席へ移動する途中で他部門の同僚と出会い会話をしたり、実験室やオフィスとは別のサードプレイスでワークができたり、知の共有をするオープンなライブラリーや技術力を発信するエントランスギャラリーがあったり。一つひとつの場の使われ方を突き詰めて提案に盛り込んでいった。それぞれの思い描く空間が具体的なアクティビティとなってフロアがつながり満たされ、コミュニケーションの核となる開放的な中央空間の価値を研究者同士が共有できた時、突破口が見えた。最終的には、中庭を中心にらせん状の階段と吹抜けを立体的に設け、その動線上に打合せやリフレッシュ

図３　階段と吹抜けの周囲にある多様な活動場所。上）オフィスに隣接した打合せスペース、下）行き交う人のマグネットスペース（撮影：株式会社伸和／木原 慎二）

コーナー、ライブラリーなどイノベーションを創出する多様な活動場所を配置した（図3）。吹抜けを介して各階の視線が交錯し、偶発的な出会いを誘発させ、打合せや情報の受発信など様々なシーンが展開される。ヒトやコト、空間のつながりが立体的に浮かび上がってきた。

研究者の交流を促す軽やかなディテールの階段

中庭・吹抜けを取り囲むように設けたらせん状の階段は、開放性のある軽快な階段としたい想いがあった。構造設計者や工事部門と打合せを重ね、支持材や吊材のないトラス構造とする方針に固まるまで、原寸模型を作成して各部材の寸法・納まりのスタディを重ねた（図4）。踏板や手摺といった人が直接触れる部分には木の素材を選定し、全体はシャープでありながらあたたかみのある階段としている。

設計段階だけでなく現場で空間が建ち上がっていく過程も含め、最後まで現場にこだわることの大切さは、入社3年目の時に知った。現場経験のなかった私は週に2、3度現場に足を運んだ。現場所長・工事長

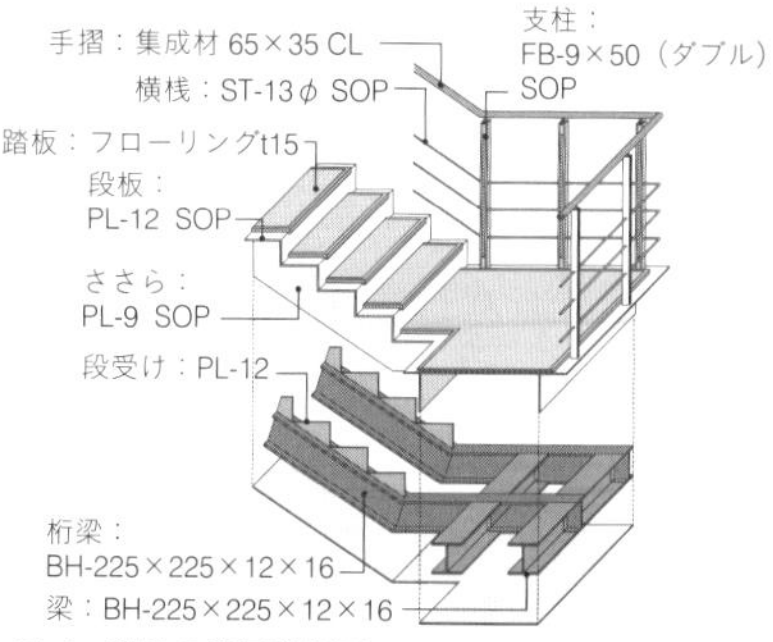

図4　階段の断面詳細図

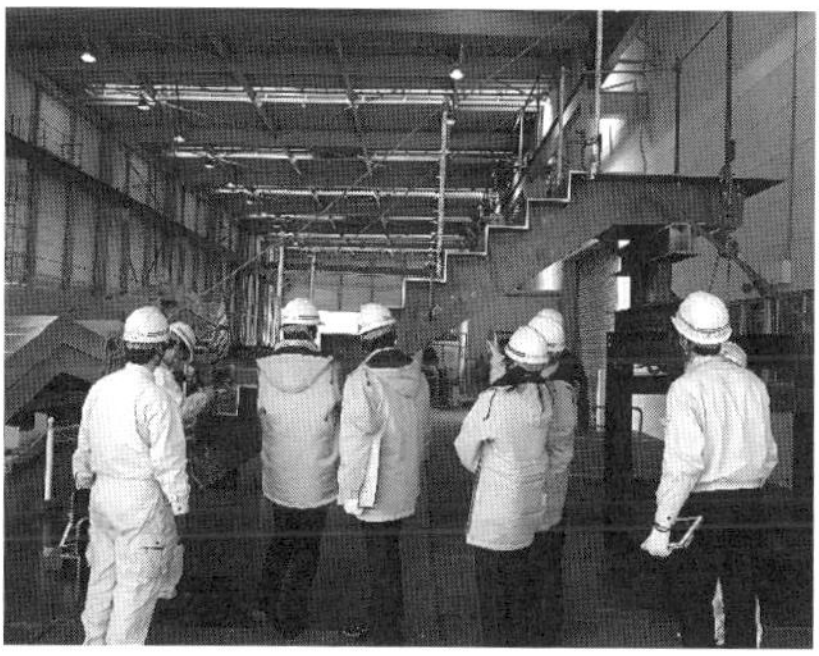
図5　工場での製品検査

図6　コミュニケーションを誘発させ、様々なシーンが展開される共用空間（撮影：株式会社伸和／木原慎二）

をはじめ多くの業者や職人の声を聞き、無数の施工図をチェックする。しかし実際に現場が進むなかで、どうしても図面では気付けなかった納まりのミスがあった。失敗する寸前に上司の的確なアドバイスによりなんとか難を逃れた経験は、確実に現在の自分の基礎となっている。今回の現場では自分が主担当者である。一層気を引き締めて、より細かなディテールの打合せを現場や製造技術者と行い、施工前には工場での製品検査を実施し、細部までこだわった（図5、6）。

新拠点としての顔づくり

どんな建築も、必然的にまちとの関係を取り持つことになる。研究所や工場においても、社会・地域との関係性をもつことで、企業イメージやエンドユーザー、そのまちにとっての付加価値が生まれる。今回の敷地

図7　空間特性をファサードに表出させ、企業としての新たな風景を創出（撮影：株式会社伸和／木原慎二）

は、ものづくり産業が盛んな兵庫県尼崎市の工業地帯であった。交通量の多い県道に面し、騒音・振動の面で課題を抱えていた。そこで、建物は県道より十分に距離をとって配置し、車両騒音から研究環境を守るとともに、周辺への圧迫感を低減した。県道に面する西側と構内道路に面する南側には、奥行きと広がりのある前庭を設け、新拠点にふさわしい顔づくりを行った（図7）。まちに馴染むよう建物ボリュームを分節した外観は、リブ付押出成形セメント板や縦型ルーバーによりファサードにリズムを与え、端正で表情豊かなファサードを目指している。実験室の外壁は開口部の少ないソリッドな形態とし、打合せやリフレッシュコーナー等の共用エリアは外部環境を取り入れるガラスカーテンウォールとした。工業地帯の喧騒のなかにあっても、細やかな緑化や採光への配慮で、「独創的なものづくり」に挑む大阪ソーダの研究開発力を支えつつ、まちの環境貢献につながることを期待している。

共創によるものづくり

研究施設としての機能性能を満足することに加え、社員のクリエイティビティの向上と工業地帯に新たな風景の創出を目指した。竣工1年後の定期検査で現地を訪れる機会があり、実際に使われている様子を見ることができた。発注者をはじめ多くの関係者とつくり込んだ建物がいきいきと使われている姿を目にして嬉しかっただけでなく、期待された部署をまたぐフランクな交流が、若手社員を中心に広がりつつある話も聞くことができた。これからも設計者として、空間がどう使われるかを愚直に想像し、丁寧に対話をし続けたい。

吉田悠佑（よしだ・ゆうすけ）

１９８３年京都府生まれ。２００９年立命館大学大学院理工学研究科修了後、株式会社大林組に入社。２０１０～２０１３年名古屋支店勤務、［神宮会館講堂棟］を担当。その後大阪本店勤務、［某化学メーカー先端研究棟］［ＧＳユアサ新工場］などの研究所や工場を担当。現在は［広島駅南口ビル］のプロジェクトに参画している。

座談会②

自信を掴みつつ、葛藤も生まれるやりがい期

コーディネーター：髙畑貴良志（株式会社日建設計）
編集：箕浦浩樹（株式会社大林組）

一番忙しくて、一番楽しい時期

髙畑　4～7年目というと、三つくらいのプロジェクトを並走させせながら絶えず回していく時期だと思います。だいたいは、現場に入る段階が一つ、設計段階が一つ、もっと手前の仕込み段階が一つという具合ですよね。さらに上の立場になると、もっと複数プロジェク

図1　吉田悠佑さん（大林組）

トを見ないといけなくなって、一つひとつに向き合う純度はどうしても薄くなる気がします。

箕浦　そうですね。だいたい一周回した経験を経ているので、自分が建築で提案したいことを最も純度高く盛り込めるようになる時期ですよね。自分で現場に行って、自分で調整して、考えていたものを実現していく楽しさがあります。

高畑　技術的に可能なデザインなのか、法的要件は満たしているのか、工期は間に合うのか、お金が収まるのか……いろいろな事情を整理していくプロセスに、5、6年目の頃はとても苦労しました。でも自分なりに自信がついてきた時期でもあって、お客さんの前に立って、ディテールなり費用なりを全部自分で調整することが楽しくて仕事に没頭していましたね。初めて一周回すプロジェクトって、何一つ自分の思い通りにいかないわけですよ。考えた納まりに工法的な問題があったり、法規的に問題があったり。でも一度壁にぶち当たると、次はこうしよう、と自分なりの提案が出せるようになる。確認申請一つとってもいろんな考え方を整理するし、納まりもこれ

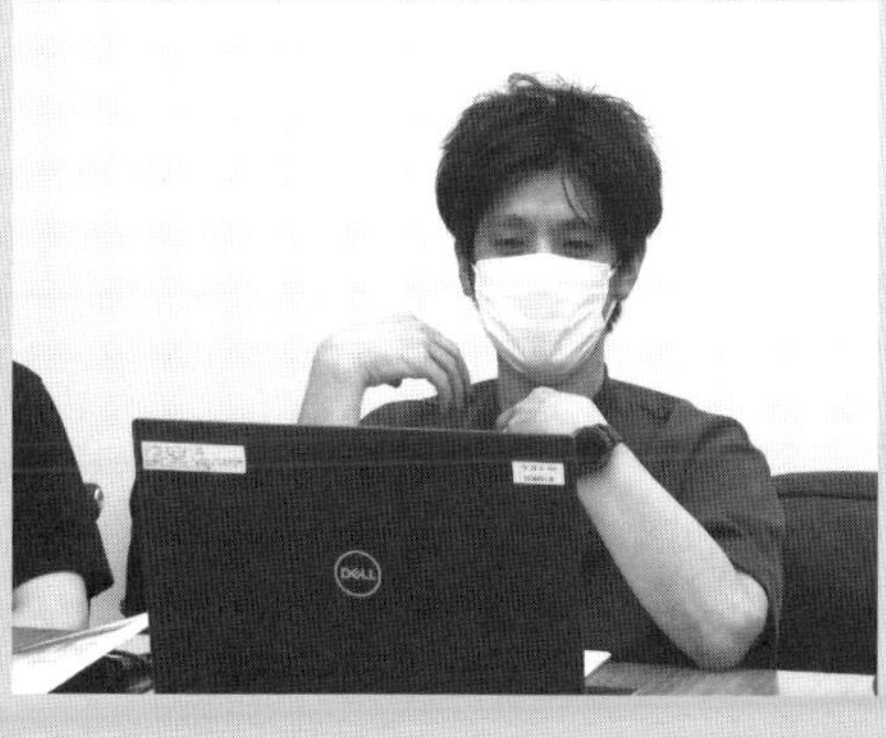
図2　宮武慎一さん（安井建築設計事務所）

なら間違いない、という具合に解像度が上がる時期ですよね。

宮武　5年目の頃に担当したプロジェクトでは、打合せもほとんど1人で行かせてもらい、自分のやりたいことができているという実感がありました。竣工後、自分の設計した建築を子どもと見に行くこともできて、ようやく自分の仕事に納得できたというか、この先も設計者としてやっていけそうだなと思えたプロジェクトでしたね。

出来　皆さんとは違って、僕にとって5、6年目まだまだ不安だらけでした。初めて設計の主担当としてプロポーザルチームに配属された頃で、この寸法で上の人どう思うだろう？などと、何を判断するにも周りの反応が気になっていましたね。今は当時に比べて大分成長したとは思うんですけど、皆さんどんなプロジェクトで何を経験したときに自信を掴みましたか？

高畑　やっぱり一番大きいのは、プロジェクトの最初から最後まで現場に張り付いて、寸法や素材をすべて自分で決める経験ですかね。部分的な関わりだと、それで本当に良かったのか確信がもてないからいつまでもモヤモヤしたままで、それがフラストレーションになってしまう。逆に現場のすべてを見ることができれば、次の自信につながります。

できることが増えると求めるものが高くなっていく

宮武　自信がついたとはいえ、当時の僕が精一杯やり切ったと思っていたデザインも、今から見るとやはり巧くはないんですよね。ポジティブに捉えれば、当時の自分にしかできなかったデザインではあるし、その時なりの良さはある。逆に今は、当時気づけなかったことに気づけるようになったということですが。

高畑　同感です。その時々に自分なりのゴールがあるんだけど、終わってしまえばどうしても自分ができたことよりできなかったことに目が行ってしまう。面白いのが、逆に前の現場でできていたことが次の現場でできていなかったりする時があることです。自分の力で実現したつもりの納まりも、実は現場の人たちが必死に僕らの意図を汲んで、要求以上のことまでやってくれていたということがある。次の現場でそれに気づいた時、まだ何一つ自分の力でコントロールできていないことを知って、前の現場の人たちに対する感謝が込み上げてきましたね。でも、そういったうまくいかないことや悔しさや恥ずかしさが次の糧になるのもこの時期かなと思います。

宮武　この時期は目が回るくらい忙しいですけど、やっぱり楽しいですよね。

高畑　そうですよね、こういうやり取りがとても楽しくて。充実した時期ですよね。

楽しいけど、葛藤も生まれる時期

興津　このメンバーはたまたま6年目ぐらいまでに一周回せた人が多かったけど、一概にそうではない面もありますよね。所属組織や時代にもよると思うけど、皆が1〜3年目はこれをやって、4〜7年目はこれをやってというように、必ずしも平等に機会を与えられるわけではない。僕の場合1〜3年目に一周回す経験はもてなかったです。現場だけ担当したり、コンペから参画できても途中でプロジェクト自体が頓挫したり。それでも経験値は自然と積み重なるし、その経験のなかで自分なりの考えも生まれて、どこかで初めて担当プロジェクトとして発揮する場がやってくる。それが人によっては1年半で訪れたり、6年目だったり、10年目だったり。後輩を見ていても、まさに4〜7年目ぐらいが機会不平等への焦りや不安をもつ時期だと思います。

鬼頭　社内でも今そういう議論があって、若手をしっかりと育てる仕

図3　興津俊宏さん（竹中工務店）

組みをつくろうとしています。30歳を一つのラインにして、4、5年目ぐらいまでに一、二周回す機会をもてることを目指しています。

若江　この時期は特に、同期の仕事を見てつい自分と比べてしまいますよね。やっぱり人によって与えられる機会が違うから、ある人は結構差がついてしまったことに焦りを覚えてしまう。だけど10年経っておしなべてみたら、皆ある程度平等なのかなとは思いますね。

箕浦　確かに同期がつくれているのに自分はまだつくれていないという焦りはありましたね。でもいずれまた横に並ぶフェーズが来るから、目の前の仕事をひたすら頑張るしかない、という時期ですかね。

興津　この頃は同僚のライバルたちを横目で見つつ、切磋琢磨することを焦らずに楽しめるといい時期かなと思います。さらに上の世代になると皆専門性が分かれて、純粋なライバルというよりもそれぞれリスペクトできる別の道の人たち、みたいなフェーズに移っていったような気がします。

図４　鬼頭朋宏さん（大成建設）

スキルの伸び方は人それぞれ

宮武　仕事の機会もですけど、個々人のスキルの伸び方も一様ではないなと思います。右肩上がりの一直線で難なく力を付ける人はむしろ少数派ですよね。後輩を見ていても、全然できてないなと思っていたらある日急にできるようになっている。ずっと低いレベルでくすぶっていて、ある時ポンっとステージが上がるイメージです。その伸びのタイミングも人によって違う。壁に直面して、ふっと越えたある時ポンッと上がって、また壁に当たってそれを越えたときにポンッと上って、これを繰り返す感じです。

高畑　昔大学の恩師に教わった本の読み方なんですけど、例えば本を10冊読んでも、10冊目に至るまでの間は1冊しか読んだことになってなくて、10冊目を読みきって、振り返った時に初めて10冊分のことが理解できると教えられました。まさに建築もそうですよね。いろんな点と点がどんどんつながって応用が利くようになった時が、ようやくジャンプできる瞬間なのかなって思います。

社外活動コラムII

まちに飛び出てフィールドワークを行う

「OSAKA」の未来を考える（6th action）

まちに出て行うフィールドワークも、普段の設計業務とは異なる視点を与えてくれる。ここで紹介するのは、私たちが普段活動する大阪の未来について、目指すべき都市像の提案を試みた企画だ。2025年の万博開催に向けて期待感が膨らむこのまちで、外国人観光客の方々の力を借り、世界の目から見たOSAKAの魅力を探ることにした。分野・世代を超えた多様な参加者約50名が集まり、大阪を代表するキタとミナミに分かれ7チームでフィールドワークを行う。まず路上で外国人観光客に声をかけ、観光ガイドブックには掲載されていない大阪のお気に入りスポットの写真を見せてもらう。その写真を調査用のTwitterのアカウントにアップして、参加者全員がリアルタイムで調査内容を共有する。集まったのは、全34か国、123人の外国人観光客が持ち寄った145枚の写真。ここから大阪の将来像を描くキーワードを抽出し、ゲストとしてお呼びしたEurekaの稲垣淳哉先生と京都大学の前田昌弘先生と参加者全員で、チームそれぞれが思

図1　収集した写真の考察

う「これからの愛される大阪」のプレゼンを行った。
特にミナミエリアの雑多性やアクの強い自己主張を大切な個性・文化と捉え、それが大阪の魅力につながると考えた案や、無責任なふりをしながら人なつっこく、おせっかいな大阪人の気質をロールプレイするようなコミュニケーションの場をつくる案などのプレゼンは盛り上がった。ゲストの先生からも、人々の時間の重層性から生まれた演劇的なコミュニケーションは、表層的なテーマパーク化ではなく、持続可能性があると評価をいただいた。

面白かったのは、外国人観光客から収集した写真には道頓堀や堂島川など、水景と都市を同時に収めた写真がとても多かったことだ。普段生活している私たちはあまり意識することのない「水都大阪」のイメージが、来訪者にとって印象深い都市景観になっていたことに改めて気付かされた。大阪の水辺をより意識的にすること、だれもがもっと気軽に利用できる空間とすることが、私たち自身にとっての目標となったフィールドワークだった。

［宮武慎一］

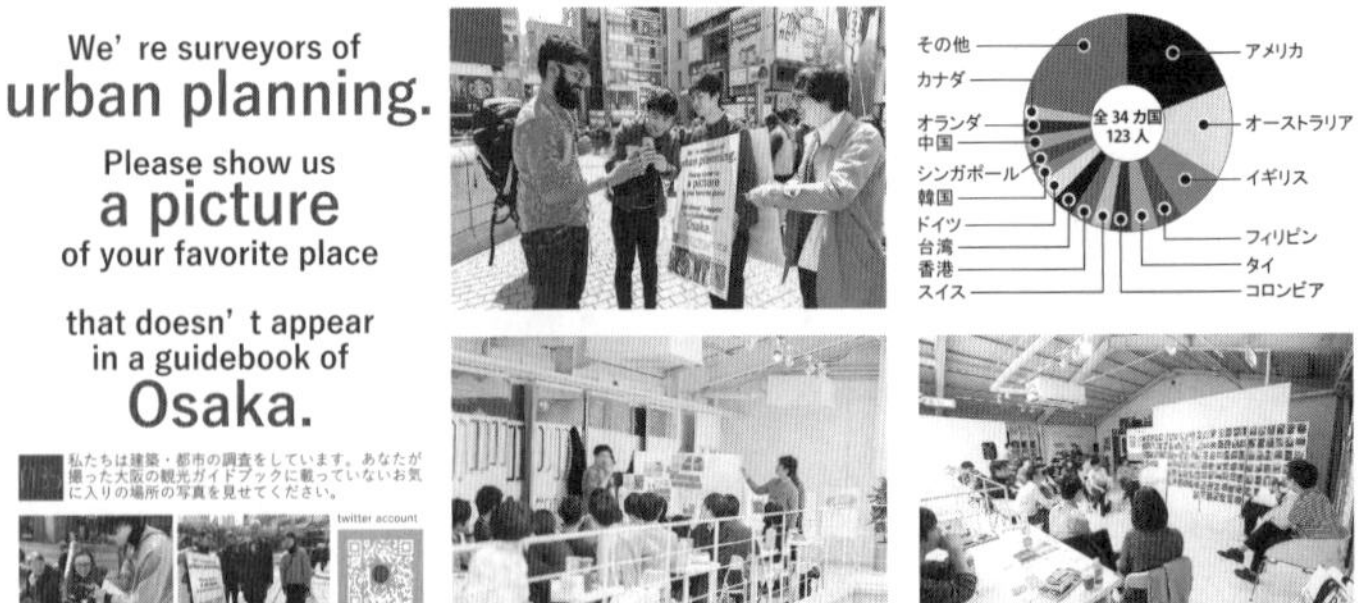

図２　街頭調査の様子と国別比率（中上、右上）、図３　プレゼンの様子（右下）、図４　街頭で活用したサンドイッチマンパネル（左）

3章

デザイン領域の拡張期

―入社8〜10年目―

3章では、設計チーム主担当として設計に携わる、入社して8年目から10年目の設計者たちとそのプロジェクトを紹介する。

設計者にとってこの時期は、各々の「デザイン領域を切り拓く拡張期」と呼ぶことができる。8〜10年目の設計者が辿る道は決して一様ではないが、その時々の社会や環境、与条件も様々なプロジェクトとの巡り合わせを経て、自らがプロジェクトの顔として先頭に立ち、自身の言葉や立ち振る舞いでチームを率いていく。背負うものが大きく、重くなっていくその反面、それまでに培った経験やチーフとしての裁量幅を活かし、プロジェクトの組立てから提案の飛距離まで、設計者としての選択肢を際限なく広げることが可能となる。

ある者は環境時代への提言となるモデルプロジェクトを目指して、

地域との連携から意匠・構造・設備が一体となった建築の在り方を追求し、ある者は与件を逆手にとり、プロジェクトの枠組みから素材・工法・空間の在り方に至るまでを丁寧に見つめ直すことで、クライアントの期待をこえるデザインの創造を行い、ある者は長期プロジェクトの中で場所の歴史や可能性を緻密に読み解き、グランドデザインからディテールに至るまで一貫させた建築デザインの成り立ちを見出すことで、独創的な空間を実現した。

組織の強みや組織内での立ち回りを意識しながら、その場所やまち、社会にとって新たな一歩となる建築をかたちにする設計者たちの、力強い意志を感じてほしい。

8年目

前例のないディテールを編み出す

——魅力的な「あいだ」で紡ぐ「まち」としてのキャンパス

若江直生
株式会社日建設計

建物だけで完結しない場の設計

京都・上賀茂の自然豊かな山腹に位置する京都産業大学「サギタリウス館」は、開学50周年の節目の年に竣工した教室棟である。大学の学章にもある、ギリシャ神話に登場する半身半馬の賢者ケイロンをかたどった星座、サギタリウス（射手座）がその名の由来だ。大学は１９８０年代から逐次建替計画を進めている。学生数増加や校舎老朽化に対応しつつ、より上賀茂の

図１　南西よりキャンパス全景を望む／2021年時点（撮影：プライズ／山崎浩治）

自然と調和し、京都らしい景観を併せもつキャンパスへと再編されてきた（図1）。これまで多くの校舎を日建設計が担当してきた背景のもと、私は入社6年目の2011年よりプロジェクトに参画した。2013年竣工の［雄飛館］から始まり、［サギタリウス館］［真理館］（2020年竣工）、2021年［天地館］に至るまで、主担当として複数の校舎を継続して担当した。

大学のキャンパスは「まち」であると私は考えている。魅力的なまちには屋内外に多様な空間があり、居心地の良い場所があり、人が集まる。複数の校舎を並行して設計する再編計画を進める上で常に意識していたことがある。それは、一つの建物で完結するのではなく、建物の「あいだ」の外部空間にその場所固有の風景、地形を活かした居心地の良い場所（図2）を積み重ね、学生が身を置きたくなる魅力的な「まち」をつくることだった。

図2　京都五山、船山への眺望を深い軒庇が切り取る（撮影：東出写真事務所）

「風景」としてのキャンパス

［サギタリウス館］の敷地は元来斜面地で、高低差をもつ造成地に中廊下型の薄暗い老朽校舎が2棟近接して建っていた。新校舎設計に際して施主から求められたことは、自然光で明るく、共用部が充実した教室棟だった。一方、京都には多くの景観条例が定められており、キャンパスは上賀茂の風致地区に該当する。山々に囲まれた伝統建築や文化遺産の景観を維持するため新築時にも高さ制限や素材・形態・色に至るまで様々な制約が存在する。新棟の要求機能を満たすためには、高さや形態規制において許認可を得る必要があり、美観風致審議会による諮問が義務付けられる。建替えごとの諮問を円滑に進めるべく、大学はキャンパスの中長期的な建替え計画のマスタープランを策定し、その中で日建設計は寄棟勾配屋根、レンガ積みの外壁といったデザインコードを提案した。その上で景観に寄与する工夫を建物ごとに積み重ね、調和のとれたキャンパス景観を形成してきた（図1〜3）。本設計においては、共用部を充実させて学生の居場所をつくり、「まち」としてのキャンパス空間醸成に貢献することに加え、風致地区にふさわしい外観とし、「風景」としてのキャンパスをつくることが重要なテーマであった。

図3　キャンパス付近見取図

風景に馴染み、風景となる建築

計画地は開学時に造成され、本館のある北側の地盤から広場のある南側へと傾斜していた。一方キャンパス全体の地形は西側へ向かって傾斜しており、西側を望めば京都五山の一つ、船山の風景が眼前に広がる。そこで敷地本来の地形に従い、西側に向かって建物を開くことにより、この豊かな風景を建築に取り込むことを考えた。京都市内から見た遠景とキャンパスから見た近景、両方に対する調和が求められるが、裏を返せば京都市内へと広がる景色を享受できる立地であり、ここに建築するということは、上賀茂の山々の一部となることに他ならない。

内外二重構成の大階段

入社8年目にして最も力を入れて取り組んだのは、内外二重構成の大階段の設計である。これまでに設計した建物が実際に完成し、使われている様子を目の当たりにした経験を通し、建築設計においては、屋根・壁・床といった屋内外の境界をどのようにデザインするかが重要であると感じていた。閉じるのか、開くのか、境界のつくり方で使い手のアクティビティは大きく変わる。本計画では、高さ制限をクリアしつつ教室の必要数を確保するために、広場側の地盤レベルまで斜面を掘削し、校舎を地下化する必要が

図4　オープンスペースとなる高低差を活かした大階段（撮影：東出写真事務所）

図5　主動線となるブリッジ越しに風景がダイナミックに広がる
（撮影：東出写真事務所）

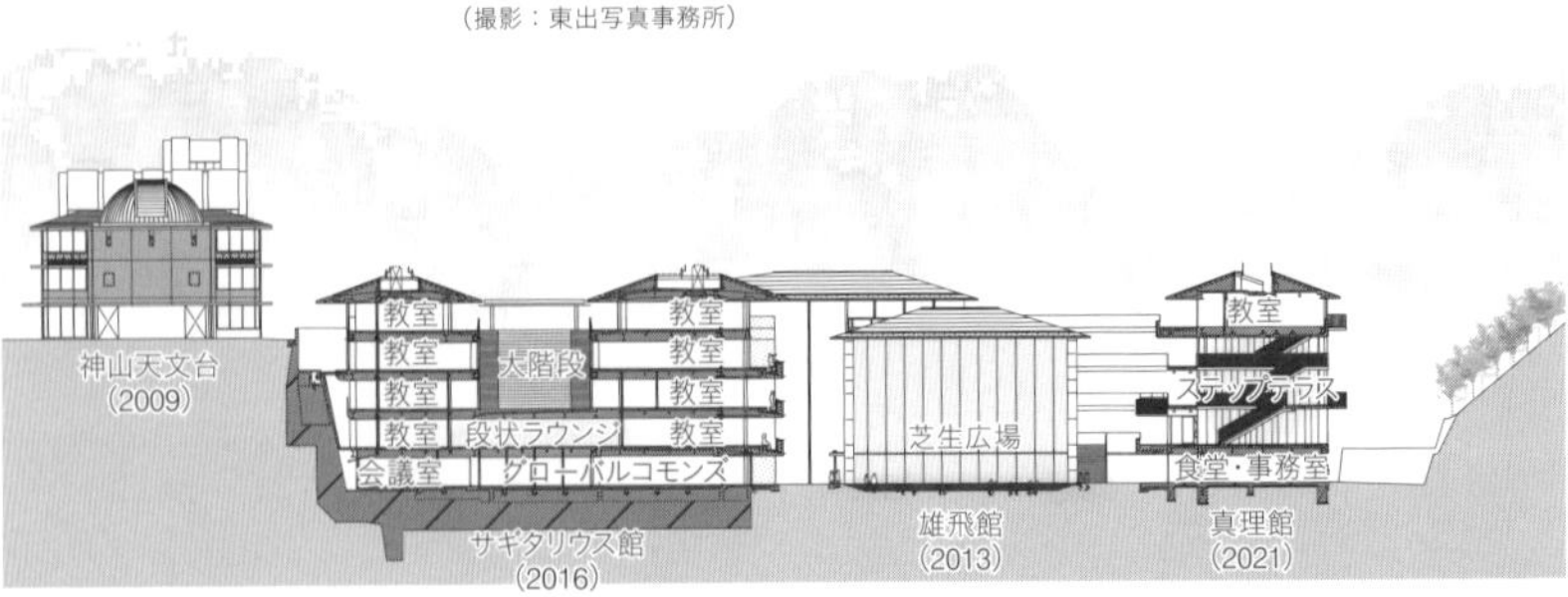

図7　南北断面図

図6　光を導くPC大階段を屋根とし自然光で明るい段状ラウンジ（撮影：東出写真事務所）

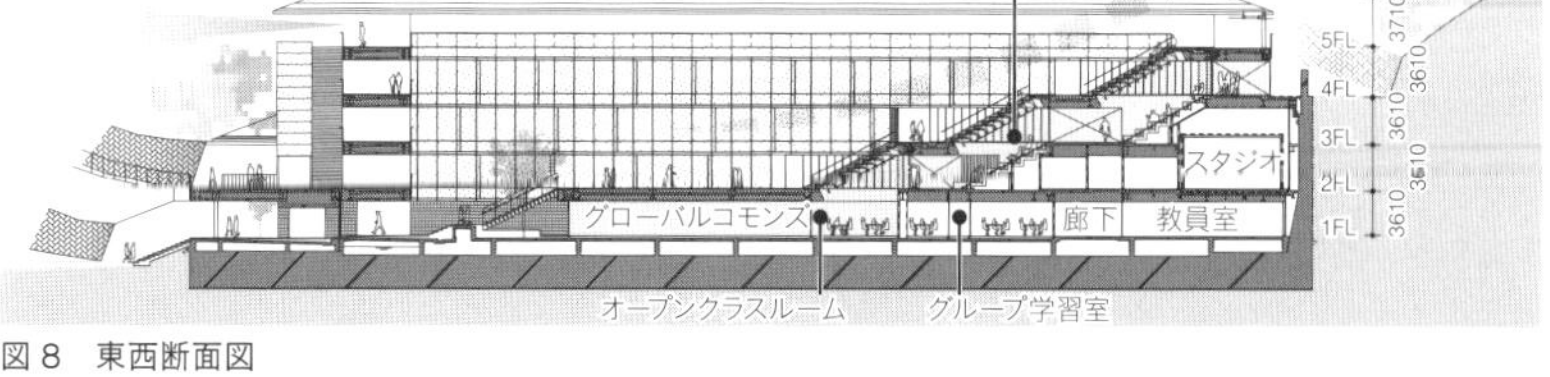

図8　東西断面図

あった。だが、大部分が地下では建築基準法の採光条件を満たせない。そこで地形の高低差を活かした大階段を建物中央東西に配することで光庭を設け、コの字型の平面内側に教室を配する構成を提案した。階段中央部を段状のベンチとし、西賀茂の風景を望むオープンスペースを創出している（図4、5）。また階段の蹴込部分をガラスとすることで、暗くなりがちな階段下部にも光を導くディテールとした（図6）。この大階段は採光のための装置であり、高低差をつなぐ動線であり、眺望を愉しむ広場でもある。

階段の構造はプレキャスト・プレストレスト・コンクリート（PCa PC）を採用し、スパン約11mの階段下部を無柱空間とした。階段に沿って東側の山へと視線がつながる立体的な段状ラウンジとすることにより、階段を介した内外二重構成のオープンスペースを創出した（図7、8）。

層間変位を細分化する

外部大階段と階段下部の段状ラウンジ、どちらも豊かな滞留空間とするためには、いくつかの技術的課題を解決する必要があった。通常階段を設計する場合、上下階のどちらかの梁を剛接合し、もう一方で可動範囲を設け、層間変位（高さに対する水平方向の変位）を一方に集中させるような構造が一般的である。本計画は鉄骨造であり、RC造に比べ層間変位が大きいことに加え、階段自身が屋根であり、止水性能も必要となる。したがって大きな可動範囲を必要とする一般的なささら形式で階段を支持しようとすると、止水性能を確保することが難しい。そこで構造設計者や社内の技術部門の大先輩らと設計完了間際まで協議を重ね、外装サッシュの支持材であるスチールマリオンをPC階段1段ごとの支持材として兼用する解決策を導き出すに至った。すなわち、通常であれば階高に対して必要な変位を、PC階段1段分の高さに対する変位へと細分化したのである。この結果、シールが追従できる範囲に変位が抑えられ、止水性能も満たすことができた（図9）。

苦心した納まりの甲斐あって、廊下からは屋内外のパブリックスペースを同時に見渡すことが可能となり、境界が軽やかになった内外の両空間は昼休みや休憩時間にいつも学生が集う場となった（図10）。階段下部の段状ラウンジは、刻一刻と表情を変える印象的な光の空間となり、時には室内

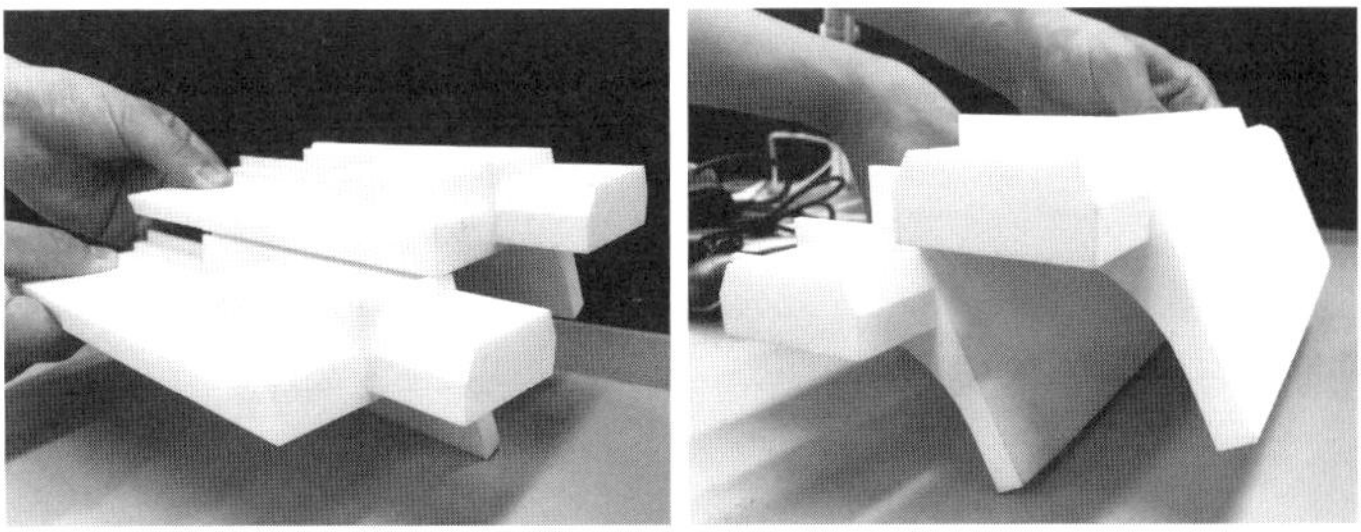

図9　3D プリンタによるPC階段の部分模型

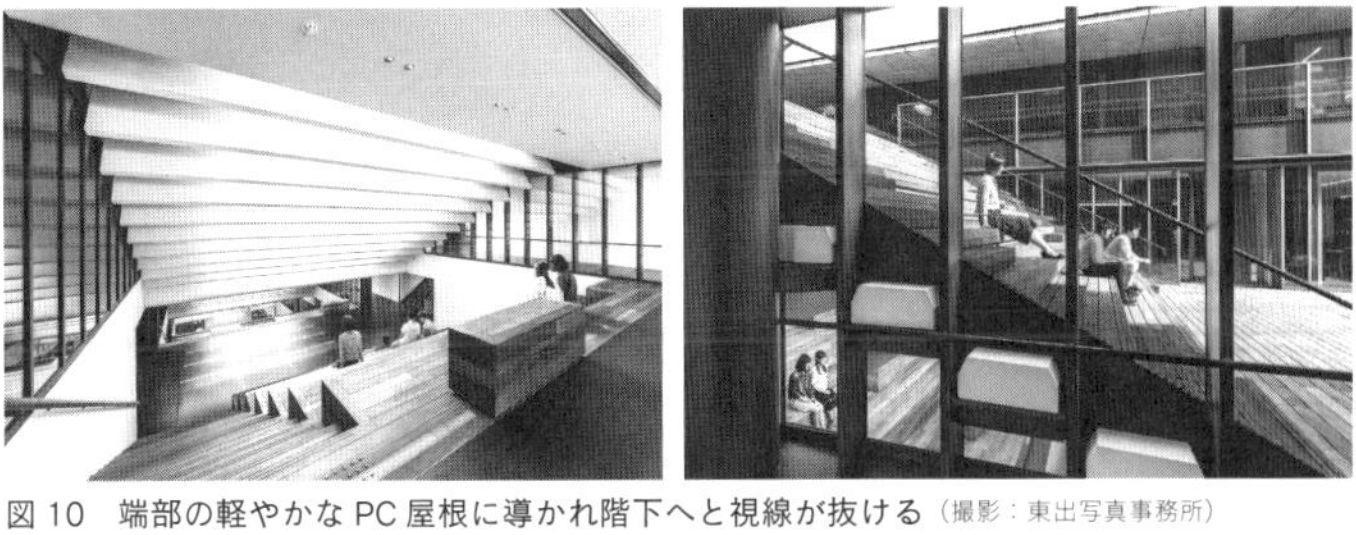

図10　端部の軽やかなPC屋根に導かれ階下へと視線が抜ける（撮影：東出写真事務所）

楽コンサートにも使用されている。学生たちは多様なアクティビティを繰り広げ、設計者の想定を超えて空間を使いこなしてくれている。

劇場空間としての芝生広場と「グローバルコモンズ」

［サギタリウス館］は、以前担当した厚生棟［雄飛館］設計時に整備した芝生広場に面していたため、平らな地盤が少ないキャンパスにおける賑わいの中心となることを計画当初から目指していた。広場側のファサードは、［雄飛館］前のステージを中心として、屋外劇場のバルコニー席に見立てたテラスをセットバックし、上下の視線のつながりをもたせている。バルコニー下部、1階のピロティは広場を望む心地良い日陰のスペースである。その上部バルコニーから空間的に連続する教室前の廊下は空間を広げ、カウンター席とベンチスペースを設けた。これら屋内外の学生の居場所は、休憩時間や放課後には自習やランチ、談笑など様々に活用される人気のスペースとなっている（図11）。

また主に外国語学部・現代社会学部の授業に使われる［サギタリウス館］には、語学教育に対応したアクティブラーニング教室、語学教育に特化した全学共用の自習空間「グローバルコモンズ」が計画された（図12）。外国語会話の練習や英作文の個別指導など、身近に海外を感じることのできる実践、交流の場として、多い時（コロナ禍以前）には1日に８００人を超える学生が利用している。設計に際しては運営に携わるスタッフや多国籍の先生方との打合せを重ね、個人、グループと様々な単位で利用できる多様なスペースを提案し、学生が自由に居場所を選べる構成とした。なかでもセミナースペースでは留学生による発表、会話ワークショップなど、語学力を高める様々なイベントが催されている。中央のオープンクラスルームは大階段下部に位置し、段状ラウンジからもガラス越しに見下ろすことができる、立体的で特別な教室とした。三方の壁面にはモニターとホワイトボードを交互に設置しており、グループ学習やアクティブラーニングに対応可能な設えとしている（図12右）。

図11　屋内外の居場所をつくる段状バルコニーの広場ファサード（撮影：東出写真事務所）

図12　多様な場をもつ語学学習・交流の場（撮影：東出写真事務所）

広場を囲む回遊動線と「人をつくる」キャンパス

各階で周囲の地盤と接することで多方向からのダイレクトなアクセスを可能とし、地形に馴染む空間構成とした（図13）。また隣接する既存［雄飛館］［12号館］とは階高を合わせて各階を接続させ、一体の建築としている。広場を挟んで南側に位置する［真理館］（2020年竣工）の完成をもって広場を囲む回遊動線がつながり、キャンパスの核となる広場空間が完成を見た（図14）。

サギタリウス館竣工を目前に控えたある日、施主から1冊の本を勧められた。後に縁あって建築協会U35委員会にてお話を伺うことになった内田樹先生の『最終講義　生き延びるための七講』（文藝春秋、2015年）であった。その中の一節に、神戸女学院の校舎を設計した建築家、ウィリアム・メ

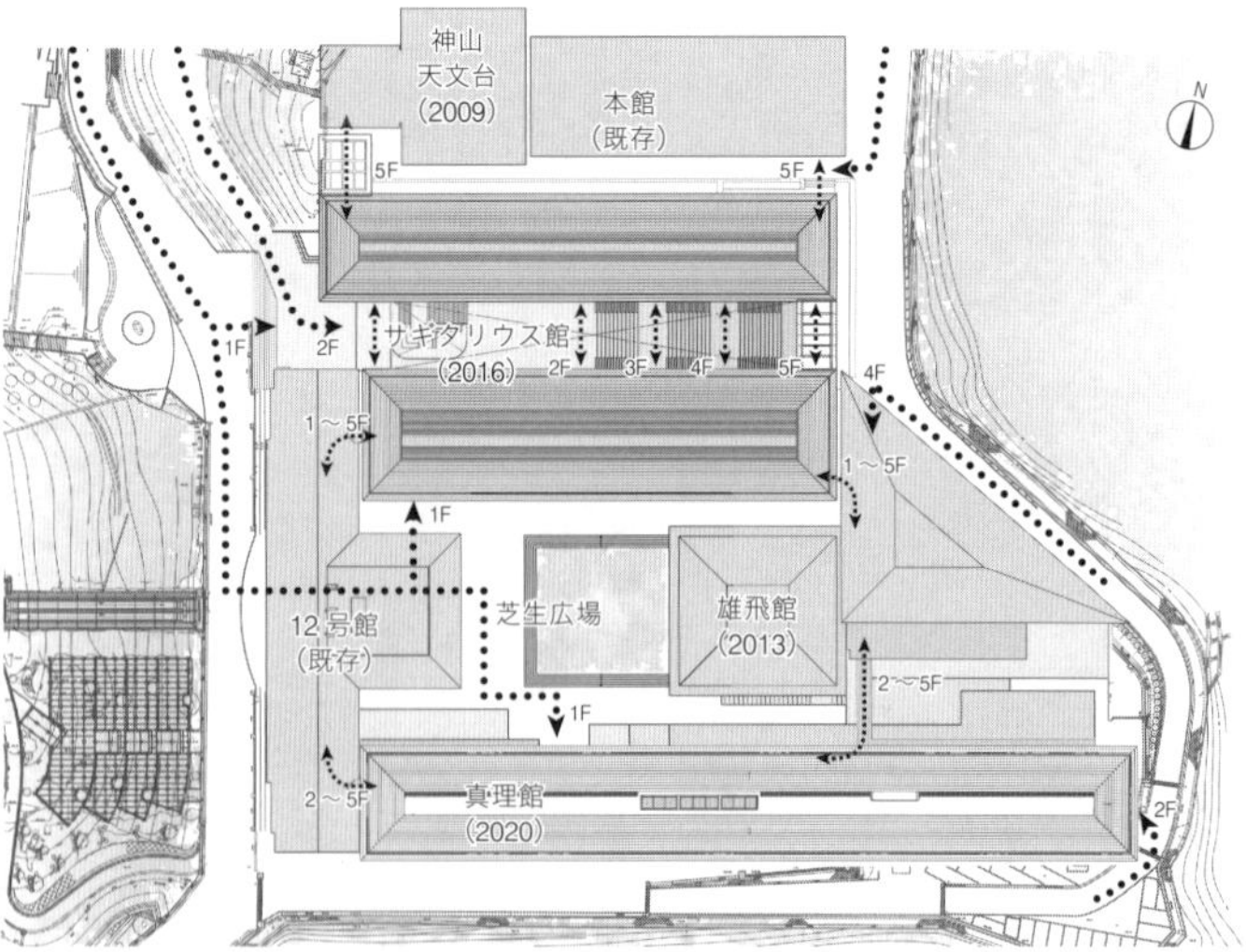

図13　広場を囲む回遊動線／2021年時点

レル・ヴォーリズによる、「校舎が人をつくる」というエピソードが紹介されていた。神戸女学院の校舎には「学び」の比喩というべき空間体験を生み出す仕掛けが多く散りばめられているという。「まち」としてのキャンパスそのものが学びのメタファーとなるような、「人をつくる」キャンパスとなれば幸いである。

若江直生（わかえ・なおき）
1980年大阪府生まれ。2006年京都大学大学院工学研究科建築学専攻修了後、株式会社日建設計勤務。現在設計部アソシエイトアーキテクト。［関西外国語大学インターナショナル・コミュニケーション・センター］［京都産業大学雄飛館］［京都産業大学真理館］［京都産業大学天地館］などを担当。［京都産業大学サギタリウス館］において2018年作品選集新人賞、日本建築士会連合会賞優秀賞受賞。

図14　左）サギタリウス館、中央）雄飛館、右）真理館（撮影：ブライズ／山崎浩治）

9年目

計画に潜在する公共性をデザインコードにする

——通りに開いた給油所・財団事務所

興津俊宏
株式会社竹中工務店

新しいまちとの関係を築く建築

まちの一部として、まちと良い関係を築ける建築を設計する。設計を志した学生時代から入社17年経った今も、どんな物件を担当する時も変わらず考えていることだ。

私の所属するゼネコン設計部では、商業施設、事務所ビル、学校、病院、工場、研究施設、公共施設等、様々な用途の建築を設計する機会があるが、ガソリンスタンドを設計した設

図1　手前ガソリンスタンド、塀の奥が財団事務所

計者は私以外にはいないのではないだろうか。当時入社9年目で担当した「太陽工業事務所・太陽工業御陵通給油所」(図1、2)は、老朽化したガソリンスタンドの建替えと、新たに設立される公益財団法人の拠点を兼ねた少人数の事務所を新築するという計画であった。ガソリンスタンドと財団事務所、なんとも似つかわしくない組み合わせで最初は呆気にとられたが、同時にこの全く異なる性質の用途が組み合わさることで、通常のガソリンスタンドでも財団事務所でもない、新しいまちとの関係を築く建築をつくれるのではという期待も大きく、設計にも気合が入った。

「地域貢献」と「街角コミュニティ」

建替えを行うガソリンスタンドは、地元の常連が主なお客様である。周辺にはいわゆるセルフの給油所も点在するなか、従業員がフルサービスを行う営業形態だ。給油・窓

図2 財団事務所へのアプローチ空間となるテラス

ふきの間、お客は店員とおしゃべりをして一服し、前を通った近隣の方や小学生は店員とあいさつ程度のおしゃべりをしていく。昔ながらのアットホームな接客が魅力の、人と人の接点になる店舗であった。

一方財団は、ものづくりを目指す学生への奨学金事業、ものづくり技術において優れた成果を上げた地域の中小企業への顕彰事業など、地域や技術の未来に貢献することを目的として、地元堺の世界的企業・株式会社シマノの創業者一族により「公益財団法人シマノ財団」として新たに設立された。その活動のための40名程度の会議室と、従業員数名が入る小さな事務室をつくる計画であった。

各々異なる用途ではあるが、「地域貢献」を謳う財団と「街角コミュニティ」的存在の店舗はいずれも、まちや地域に根差した発信拠点を求めている点で共通している。二つの用途の建築を一体的に捉えることで、本来どちらか一方だけでは獲得できなかった新たなまちや地域との関係性をつくり出そうと試みた。

異なる二つの用途によるジレンマ

敷地は大通りから1本入った桜並木のある道路に面しており、仁徳天皇陵の周囲に広がる住宅街の端部に位置する。検討を始めるとすぐに、いくつかの課題が浮き彫りになった。

①財団のための顔をつくる必要があるが、ガソリンスタンドは営業するうえで道路に面している必要があり、財団のイメージ発信が難しい

②ガソリンスタンドと財団事務所は法規的に別敷地にせざるを得ず、かつガソリンスタンドは隣地境界沿いに高さ2m以上の塀を設ける必要があり、双方が分断される。また、車の進入部以外の道路境界にも塀が必要

③大きなキャノピーをもつガソリンスタンドの建物形式と、小規模2階建ての財団建事務所ビルが全く異なるボリューム感となり、統一感をもたせづらい

住宅街に溶け込む群配置

手始めに、敷地全体に大屋根をかけて2つの用途を屋根でつなぐ案を考えたが、住宅街に対してスケールが大きくなりすぎた。そこで、給油所の法規制を再度丁寧に読み解き整理し、その条件下で考えられる限りのプランをスタディした。まちへの開き方・繋がり方、財団事務所との関係性を思案した結果、二つの建物を用途ごとのボリュームに細分化し、双方の敷地にまたがって分散配置することで連続性をもたせ、群の造形が多様な場をつくる案に至った（図3）。

ガソリンスタンドと事務所ビルの境界が曖昧になり一体感が生まれるだけでなく、住宅街と繋がる街区のようなスケールをもつ空間が、地域に馴染み親しまれ

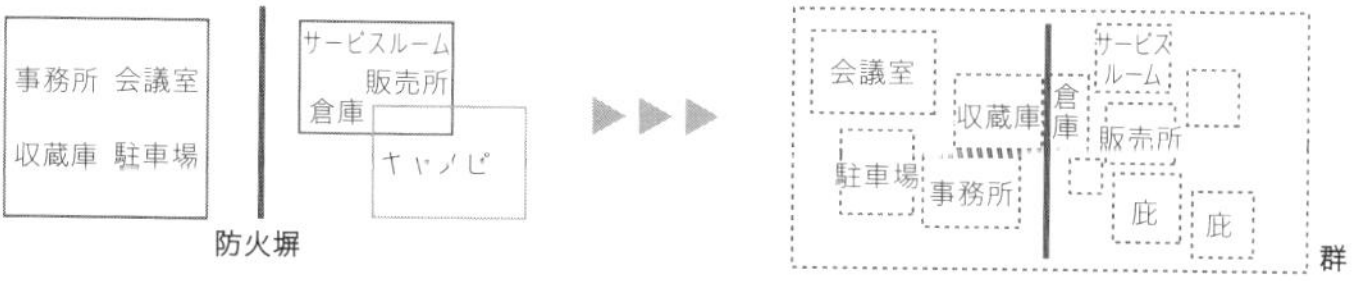

図3　群配置ダイアグラム

る拠点づくりに貢献すると考えた。

ガソリンスタンド特有の大きなキャノピーも、全体に大屋根をかけるのではなく、サービス上必要な場所に分散配置することで、建物群の一部としてまちに開けた群景を成す。財団の顔として地域のアイコンとなることも期待した（図4）。

キャノピーは、1本柱にトップライトをもつ彫りの深い格子状の屋根としている。前面道路の桜並木の木洩れ日をガソリンスタンド内、さらには財団事務所の2階テラスまで引き込み、街角の開けた雰囲気を敷地全体に伝播させている（図5）。同じく内部の会議室や事務室にもトップライトや壁面開口を充実させ外部の雰囲気を引き込んだことで、まちとの連続性を感じることができる（図6）。

防火塀は、商業的にも機能的にも道路境界沿いに出したくない。そのため、ガソリンスタンド側のボ

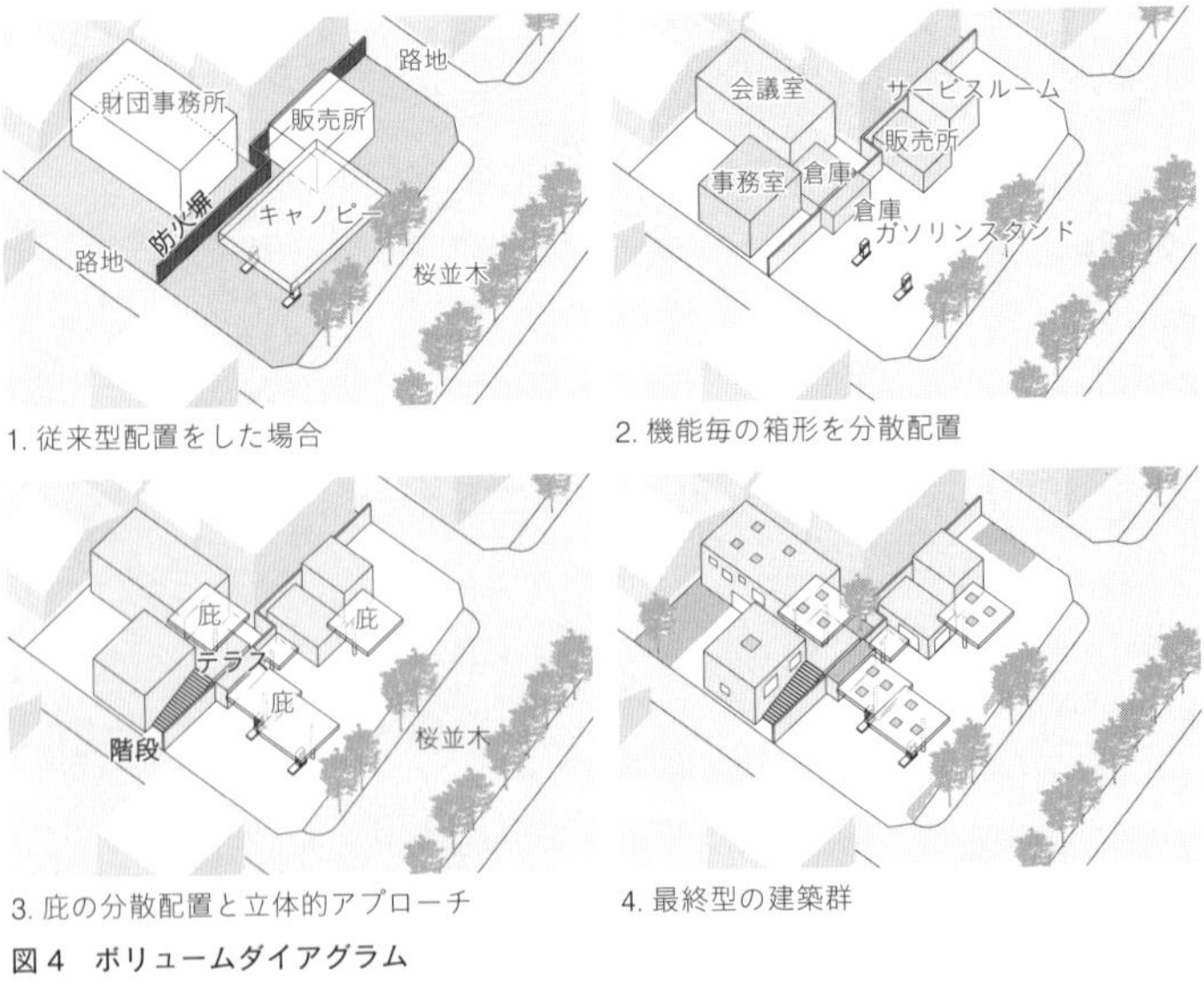

図4　ボリュームダイアグラム

図５　前面道路からの見た全景。まち並みに溶け込む群造形

図６　左）財団事務所テラスへ上る階段　上）会議室　下）事務室

リューム群はメイン道路に面して配置し、財団事務所は敷地奥側に配置している。敷地奥の財団事務所側へは外部階段を上って2階のテラスからアプローチすることとし、ガソリンスタンドとの間を区切る防火壁に遮られず、むしろ前面の桜並木へと開くよう配慮した。持ち上げたテラスはボリューム群の立体的な街区の一部となり、財団事務所とまちをつなぐ役割を担っている。

まち・人のスケールに馴染む構造体

建屋の構造は150×600㎜コンクリートブロックを積層し、空洞となる内部を鉄筋とコンクリートで充填した型枠コンクリートブロック造(図7)。キャノピーの屋根は前述のとおり、型鋼の梁ではなく、鉄のプレートを格子状に組んだ構

図7　群の構造体1：型枠コンクリートブロック造
W600 × H150 × D240 のブロックを積層した群のテクスチャをもった構造体

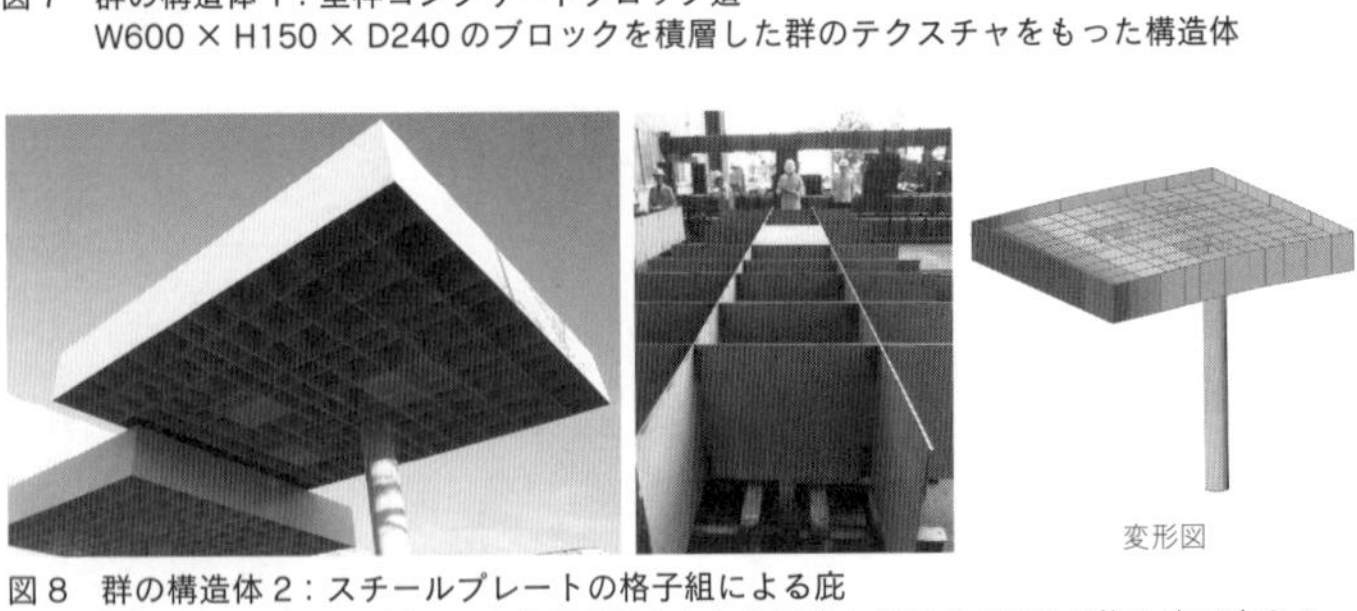

図8　群の構造体2：スチールプレートの格子組による庇
厚み6mm、9mm、12mm の鉄板で組まれた格子をΦ 558.8 × 22 の柱1本で支える

造とした（図8）。共に大きな部材を使わず、小さな単位の集まりでできた群の構造体とし、街区のようなボリューム群を、住宅地に溶け込むスケールのテクスチャーで覆った（図9）。構造体、素材感まで群というコンセプトで一貫することによって、まちへ続く開けた建築を実現している。

「群景」の密度を高めた施主・施工者とのパス交換

施主へのプレゼンでは、配置から素材まで一貫したコンセプトを伝えるために、模型、パースに加え、広域なまちの図面や、数段積み上げた実物のコンクリートブロックを持ち込んで説明した。幸いにも案を気に入っていただき、コンクリートブロックも既製品ではなく、今回のための特注サイズでいこうというアイデアまでいただいた。

施工段階で、構造体がそのまま仕上げとなるキャノピーの鉄板の歪みをどう抑えるかが課題となった。

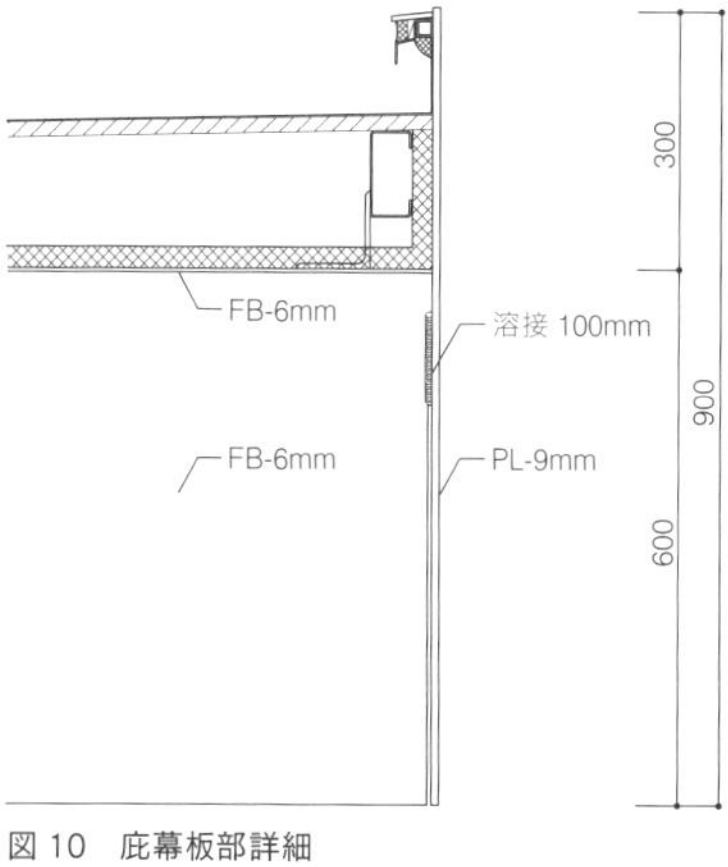

図10　庇幕板部詳細

図9　テラスタ景

特に外周の幕板部が最も歪みが目立つため、厚みを上げ、取りつく鉄板とわずかに隙間を空けて縁を切り、溶接長さも最小限に抑えている（図10）。施工者・協力会社とアイデアを出し合いながら綿密な打合せを行い、施工方法、工場組立範囲、現場溶接範囲などを決めていった。

各所ディテールは、構造体仕上げを主役とするため極力余計な線を消すことを意識し、鋼製建具、アルミサッシ、手すりやサイン、照明の形状・寸法・取り付け方などを決定している。

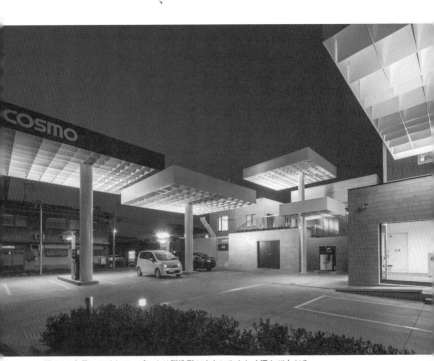

図11　夕景。ライトアップにより群造形がまちにやさしく浮かび上がる

まちと良い関係を築く

竣工後のある夜、アッパーライトで照らされたキャノピーがまちの一角にあたたかな光を灯す様子を見て、この建築が街や地域の価値向上に少しばかり寄与できたのではないかと嬉しく思った（図11）。これからも、ほどよい溜まりを提供するまちの顔として、個々の用途だけでは得られなかったであろう豊かなまちとの関係を築いていってほしい。

興津俊宏（おきつ・としひろ）
1981年兵庫県生まれ。2006年広島大学大学院工学研究科社会環境システム専攻修了後、株式会社竹中工務店勤務。［大阪木材仲買会館］［外市秀裳苑ビル］［日亜化学工業諏訪技術センター］［日亜化学工業横浜研究所］や［サントリー天然水北アルプス信濃の森工場］等を担当。自邸［みんか2020］、住宅［みんか2013］。現在は学校などの設計にも取り組んでいる。

9年目

積層型大規模木造のロールモデルをつくる

——社会課題と向き合う庁舎

下田康晴
株式会社東畑建築事務所

庁舎をまちへとつなぐ

山口県長門市の「長門市本庁舎」。前面道路の交差点から引きをとって配置した5階建ての新庁舎棟と、まちへとつながる正面部分に平屋建ての市民ロビー、ランドスケープが一体となった市民広場からなる（図1）。広場が内外のインターフェイスとして機能し、人々が集い交わる地域文化の発信・交流拠点となることを目指した。

図1　長門市本庁舎 南西外観（撮影：時空アート）

入社9年目、それまでに培った知識・経験、組織力を最大限追い風にとの意気込みで参画したのが、この庁舎建て替え計画のプロポーザルだった。そこから約4年間、基本計画から基本設計・実施設計に次いで現場監理まで主担当として日々奔走した。設計チームや施主、現場関係者と協働しながら多くの課題を乗り越え実現に至ったプロジェクトである。

積層型大規模木造のモデルプロジェクト

市の面積のうち約4分の3を森林が占めている長門市は、これまでも公共建築の木造化に積極的に取り組んできた自治体だ（図2）。今回の計画も当初から「地域産木材活用の集大成としたい」といった要望を受けていた。実社会で設計に携わるようになり10年が経とうという自身の節目として目指すところの集大成とも重なり、強い思いを持って設計に臨んだ。

計画案の検討に先立ち調査を行ったところ、当時はまだ、今回の規模（約7000㎡）での地域産木材による木造庁舎はもちろん、中高層の積層型耐火木造事例も国内にはほとんど存在しないことがわかった。私自身も、それまでの実務でS造やRC造のオフィスや病院、研究所などある

図2　長門の森

程度の規模の施設を設計してきたが、木造の物件は皆無であった。しかし同時に、長門市と同じように地域の森林資源を活かして公共建築を木造化させたいという思いをもった自治体も複数存在しているようだった。先例がないためになかなか実現化に至らない。そんな実情を知るほどに、長門市の熱意ある依頼は設計者としても願ってもない挑戦の好機だと捉えるようになった。

検討を進めるなかで、構造や防耐火性能、調達やコストなどいくつかの木造特有の課題があり、それらが実例に至らない主な原因であることが見えてきた。逆に言えば、これらの課題を解決すれば地域の木を活かした積層型の大規模木造建築を無理なく実現させることができ、さらには公共建築の木造化促進に一石を投じることができる。施主をはじめとするプロジェクト関係者にも、地域資源を持て余した地方都市の活性化につながるきっかけをつくりだすことが、このプロジェクトの社会的意義となることを共有し、チーム一丸となって実現を目指すこととなった。

「混成」により無理なく解く

延べ約7000㎡の5階建て・耐火建築物といった計画条件は、用途地域や配置計画、各階ゾーニングの検討より導き出された。庁舎としての機能確保・将来対応を考えると、ショートスパンで柱だらけの建物としてしまうことは極力避けたい。そこで、木造でありながらロングスパン架構を実現させる道を平面計画と並行して模索した。最終的に目指したのが12mのロングスパンだが、耐火木構造部材としての認定寸法値内に納めることが難しい。そこで何度も構造や設備の担当者と検討を重ね、最終的に適材適所にRC造と組み合せて補い合うように混成で解く、という解法を導き出した。調達可能な木材積で木構造部を最も効果的に現しにするため、地震力の負担を減らす。免震構造を組み合わせたうえで、さらに柱・梁・床・壁といった建築の最も基本的な構成部材に分け、それぞれ今回必要とされる役割を整理していった。この過程で並行して意匠・構造・設備計画も整理検討を繰り返し、最終的に理にかなった

図4　合成梁実験の様子

図3　事務室内観

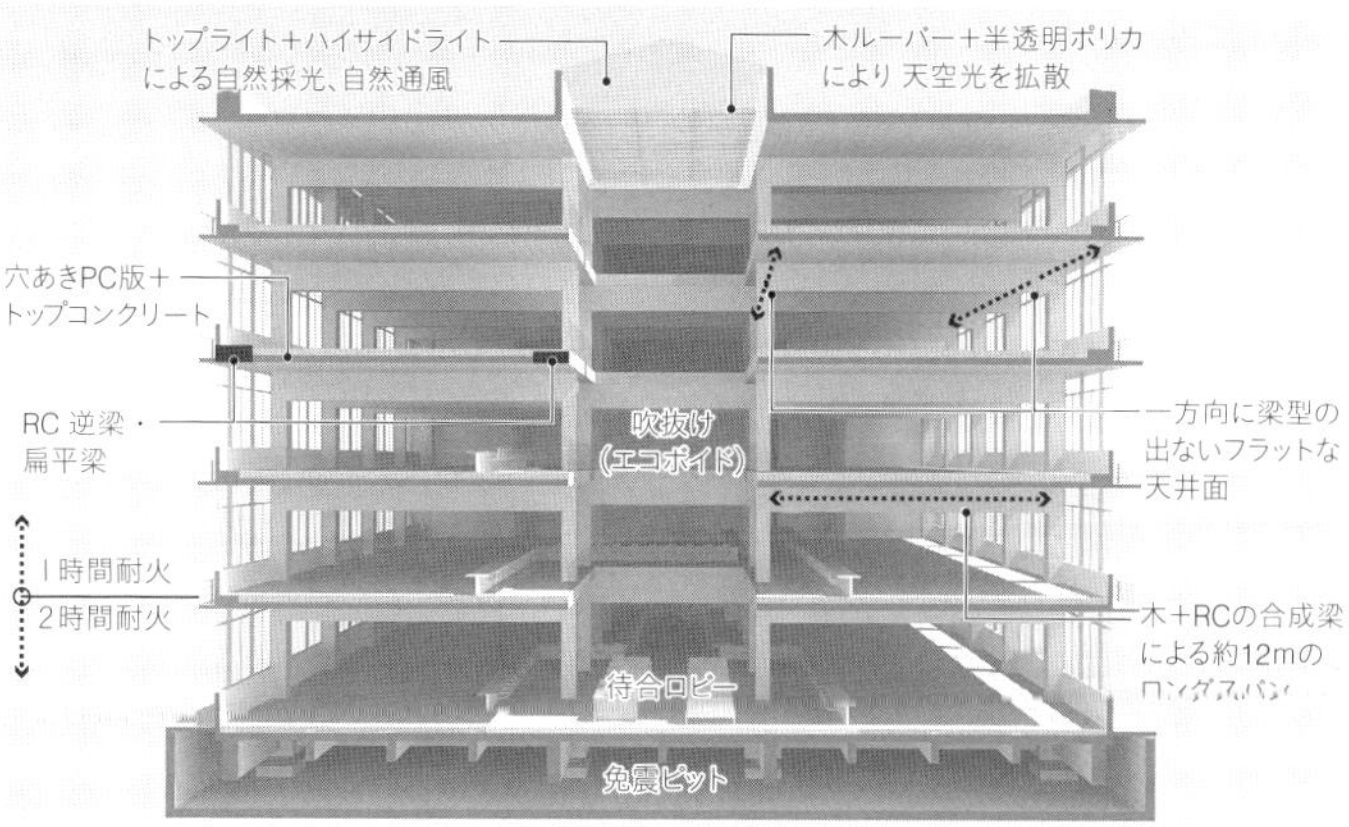

図5　南北断面パース

一つの「型」を成すプロセスは、まさに建築の成り立ちそのものを考える行為であった（図3〜7）。

意匠・構造・設備の各セクションをまとめる立場であった私自身にとっては、10年の実務経験で培った各セクションへの理解をもって、互いの領域を横断することによる相乗効果を十分に発揮できるよう、チームの連携をサポートできたことが一つの成果であったように思われる。多様な価値を並存させながら皆で一つのものをつくるといった組織設計の醍醐味を存分に実感できたプロセスだった。

機能性・柔軟性・安全性を兼ね備えた木造庁舎

「混成」の構造形式として採用したのが「木＋ＲＣのハイブリッド構造（免震構造）」である。基礎免震構造に加え、東西のコアを耐震壁付のＲＣ造とすることで地震時の水平力を負担させるほか、機械室などの重荷重ゾーンも

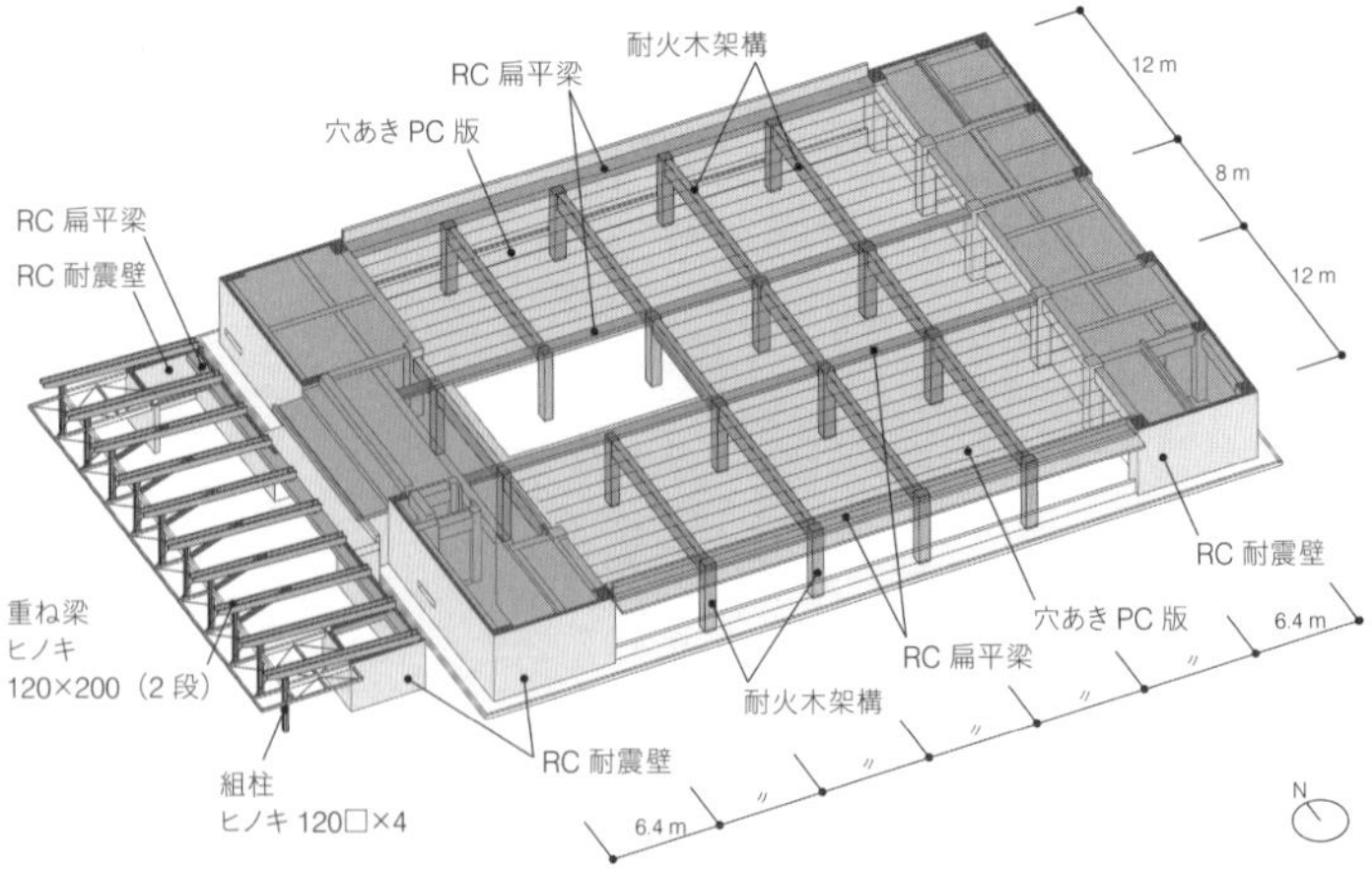

図6　架構アクソメ図

すべて両端コア部分に集約させる。そうすることで、建物中央の木造部分にかかる構造的な負担を軽減することを徹底し、メインとなる門型の木架構が最も活かされる構成を確立した（図6）。12mのロングスパン架構については、木梁と床スラブの一体化を図る「木＋RCの合成梁」を採用した。これにより機能性・柔軟性・安全性を確保しながら、耐火木構造部材の認定範囲内で製作可能な断面へのスリム化を図っている。結果、長門市内で調達可能な木材数量での製作が可能となり、応用性も高くコストバランスにも優れた計画を実現することができた。

開放的な木造空間の創出

建物中央はエコボイドと呼ばれる自然採光・通風をもたらす5層吹抜け空間で、来庁者は一目で庁舎全体が見渡せる（図8）。吹抜けの防火区画は耐火木と耐火スクリーンを

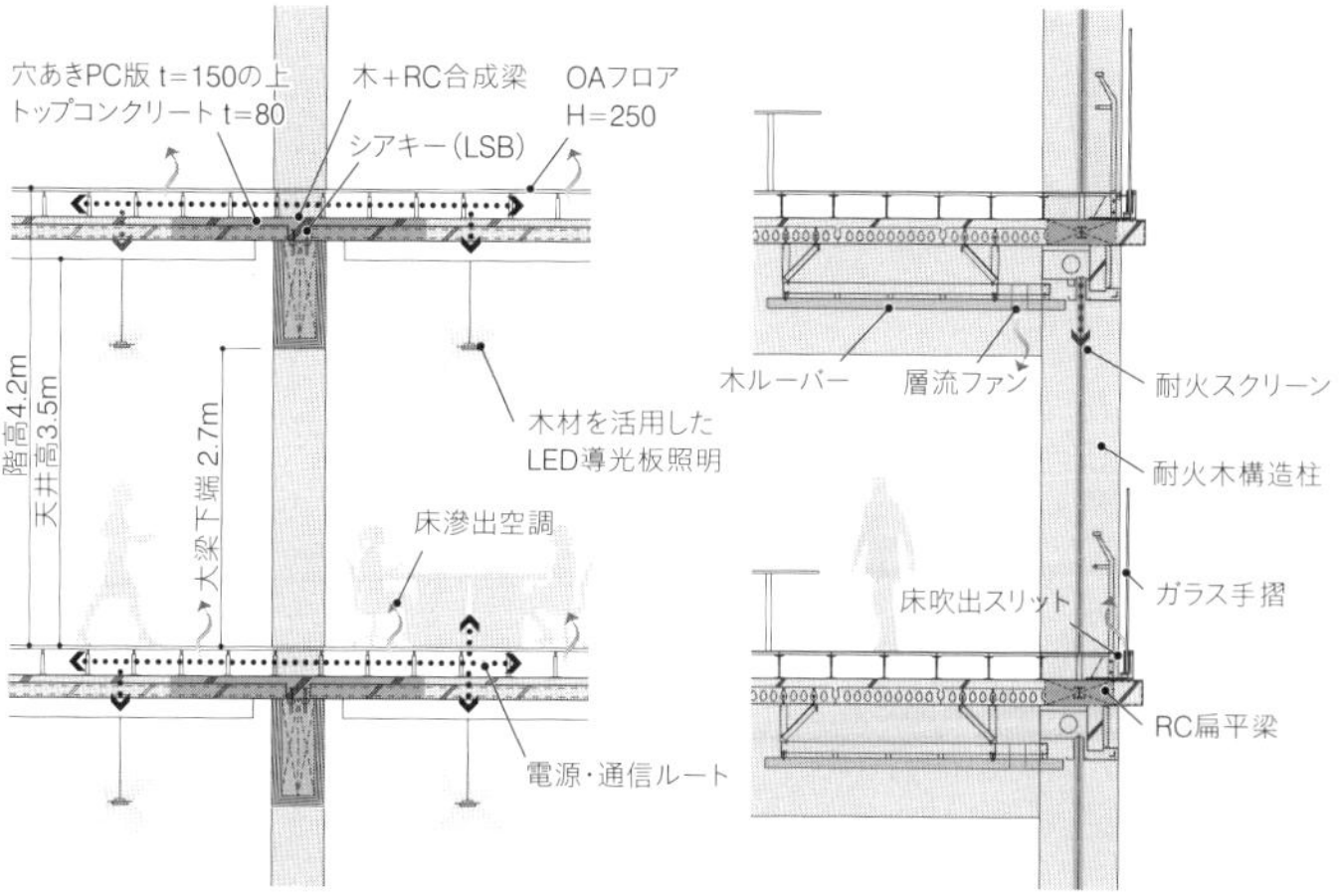

図7　基準階断面詳細図

図８　エコボイド内観（撮影：時空アート）

組み合せた国内初の複合防火区画だ。各メーカーや研究機関と協働し新たに耐火性能検証試験を行うことで、開放的な大規模木造空間が実現した。オープンフロアはＯＡフロアとし、床吹出しの居住域空調で天井懐の最小限化を図り、開放的な木質空間に寄与している（図7、8）。木架構をやわらかく照らす地域産木材と既製品の導光板照明を組み合わせたペンダント照明はコストを抑えた汎用品で、光と木材をいかにシンプルに見せるかにとことんこだわった。どれだけ経験を積んでも自身の要領の悪さはいつも課題であるが、メーカー担当者や施工者と共に図面・モックアップでの検討を幾度も重ね、空間を最も活かせる納まりを納得いくまで突き詰めていった。うまく進展しない時は葛藤を抱えながらも必ず対話を重ね、悔いの残らない設計をさせてもらった。

地域に根差し開かれた公共空間をつくる

庁舎は公共建築に属するものの、差し詰めそのほとんどはオフィス空間であり、大規模なものになるにつれ、まちや人々との距離は希薄なものになりがちである。しかしもちろん、建築に与えられた役割は機能・性能の確保だけではない。いかに地域の方々に長く親しんでもらい、この地ならではの公共性を生み出すことができるか。その価値を提供するのも設計者としての重要な務めだ。

地域に根差し開かれた公共空間を設えるため、広場の設計にあたっては地元の設計事務所と密に連携を図り、地域の人や素材、技術や文化を活かしたこの地ならでは広場空間を検討した。特に広場と一体的に設えた市民ロビーはすべて地元の素材・技術を活かした工法とし、一般製材を組み合わせた組柱・重ね梁による8mスパンの木架構をはじめ、地域の木材メーカーが開発したシイノキのフローリングや、地元の左官職人による長門の土を使った左官壁など、身近な素材と伝統技術を組み合せることで、長門文化を体感できる空間を実現している（図9）。

振り返ってみれば反省点は多々あるものの、本当に1人では到達できなかった地点まで、よく辿り着けたものだと改めて思う。幸い監理まで携わることもでき、竣工に至るまで当初の気持ちは途切れることなく、目標の実現に向けて走り続けることができた。竣工後も訪れる度、ロビーや広場を様々に活用してくれている風景を目にしたり、お話を伺ったりすると一層その思いは強くなる。建築と地域の環境・人・文化のつなぎ方をデザインすることで、地域に根差した公共空間を創出する。この

図9 市民ロビー内観（撮影：時空アート）

先の社会のためにより良いものをつくり出そうと、共に真剣に築き上げていくことは純粋に楽しく、そのなかで思いがけなかった景色に出会えた時の喜びは何ものにも代え難い。それは組織の力を活かすことはもとより、プロジェクトに関わるすべての関係性のなかで生み出せるものだ。これからもいきいきとした建築と社会の関係を目指す基本姿勢として大切にしていきたい。

下田康晴（しもだ・やすはる）
１９８２年鳥取県生まれ。２００７年 広島大学大学院工学研究科社会環境システム専攻修了後、株式会社東畑建築事務所勤務。現在、設計室主管。「武田薬品研修所」「上村工業新中央研究所」「土佐市新庁舎」「美祢市新本庁舎」などを担当。最近は「大阪・関西万博大屋根（リング）」のプロジェクトなどに参画している。

9年目

組織のチームプレーを見つめ直す

——社屋移転コンペという転機

石井衣利子
株式会社梓設計

梓設計本社羽田スカイキャンパスコンペ（2018年7月）

梓設計は2019年8月に本社を移転した（図1）。羽田の地に5000㎡（100×60m）超の巨大な床（通称メガプレート）をつくって本社全機能を集約し、コミュニケーションやコラボレーションを目的に「自由で多様なはたらき方を受容し、対話と協働の活性化によりイノベーションを生むオフィス」を実現させた。計画案は社内コンペにより決定され、既成の概念に囚われない自由な発想、常に変

図1　2019年に完成した梓設計本社羽田スカイキャンパス内観

化し続ける仕組みの提案、意匠と設備計画がインテグレードされた提案が求められた。当時入社9年目だった私は、チームで参加することが条件とされたこのコンペティションに同期入社の仲間6人のチームで取り組んだ。コンペ結果は惜しくも次点であり、私たちの案が実現することはなかったが、この社内コンペで得たものは大きく、組織設計事務所ではたらくことの醍醐味を改めて感じる転機となった。

同期入社の仲間と考える、自分たちがはたらく場所

同じ時期に入社して9年間、意匠・構造・設備とそれぞれの分野で実務を経験してきた私たちだが、通常の設計業務では同期と一緒のチームになることはほとんどない。全員同期のチームで取り組む異例のプロジェクトということもあり、チームを組んだ瞬間から「今までにない面白い提案をつくろう」という想いは一致していた。一方で入社9年目ともなると、それぞれが実務で実績を積み、各分野の業務全般をひととおり経験している。決してアイデア止まりで

社員同士の距離を縮めるラクラクツール

夕方はbarでミーティング
日が暮れた後の打合せはバーに集合。お酒を飲みながらアイデアやデザインについて熱く語りあおう
世界のお土産コーナー

海外出張の際にお土産を買ってきてもらい、世界各国のお菓子がそろうコーナー

図2　どんなオフィスではたらきたいかのアイデアスケッチ

はなく、実務経験を総動員し、実現可能性を兼ね備えた案にしたい。そんな目標を互いに確認しあった。まず取り組んだのは、コンセプトワークである（図2）。大きな模型やモックアップをつくる広い場所がほしい、夜はバーでお酒を飲みながらミーティングをしたい、海外出張時のお土産をシェアするコーナーもつくりたい。また、要項ではフリーアドレスの執務空間を求められていたため、アプリなどを使ってだれがどこにいるかすぐわかる、居場所検索システムを設けてはどうか、などとそれぞれ自分がどんなオフィスではたらきたいか、具体のイメージを共有していった。

緩やかにつながっていく「みち」と「場所」

このコンセプトを実際の空間としてまとめていくためのポイントは二つあった。一つはメガプレートをどのようにオフィスとして設えるか、二つ目は組織設計事務所だからこそできる意匠・構造・設備がインテグレートされた空間をいかに実現するかである。１００×60ｍの大空間はできるだけ仕切りたくない。けれど、個人で集中して作図作業をするデスクワークや

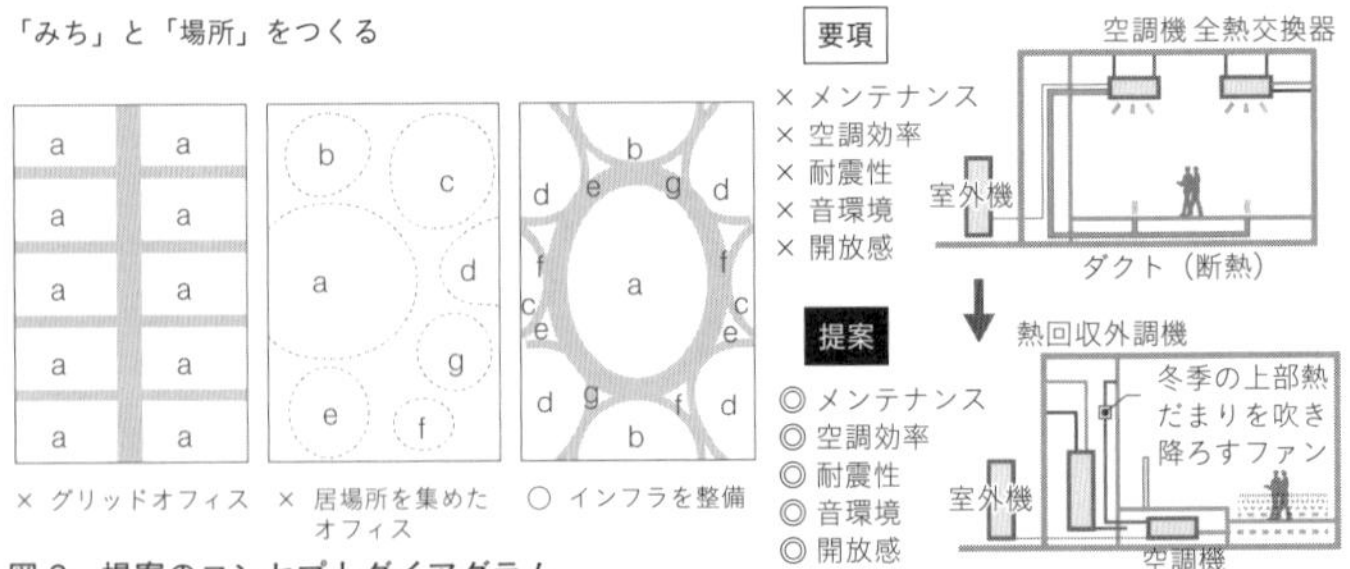

図３　提案のコンセプトダイアグラム

ワイワイとアイデアを出しあうチーム内のブレスト、意匠、設備、構造など部門間の設計打合せといった多様な行為が無理なく同時に共存できる程良い距離感も確保したい。これらを両立させるため、私たちは緩やかに仕切られた「みち」と「場所」を同時につくるというコンセプトを考案した（図3）。オフィスの主要動線となる「みち」と、執務空間としての「場所」が不均質で多様に隣り合う空間が、様々なはたらき方を許容するうつわになると考えたのである。

インフラルートにもなる有機的な意匠計画

次に、気積の大きなワンフロアの空間をオフィス環境として整えなければいけない。天井高も高いので、空調や照明を天井に吊ると効率が悪い。そこで私たちは、「みち」を人の動線としてだけでなく設

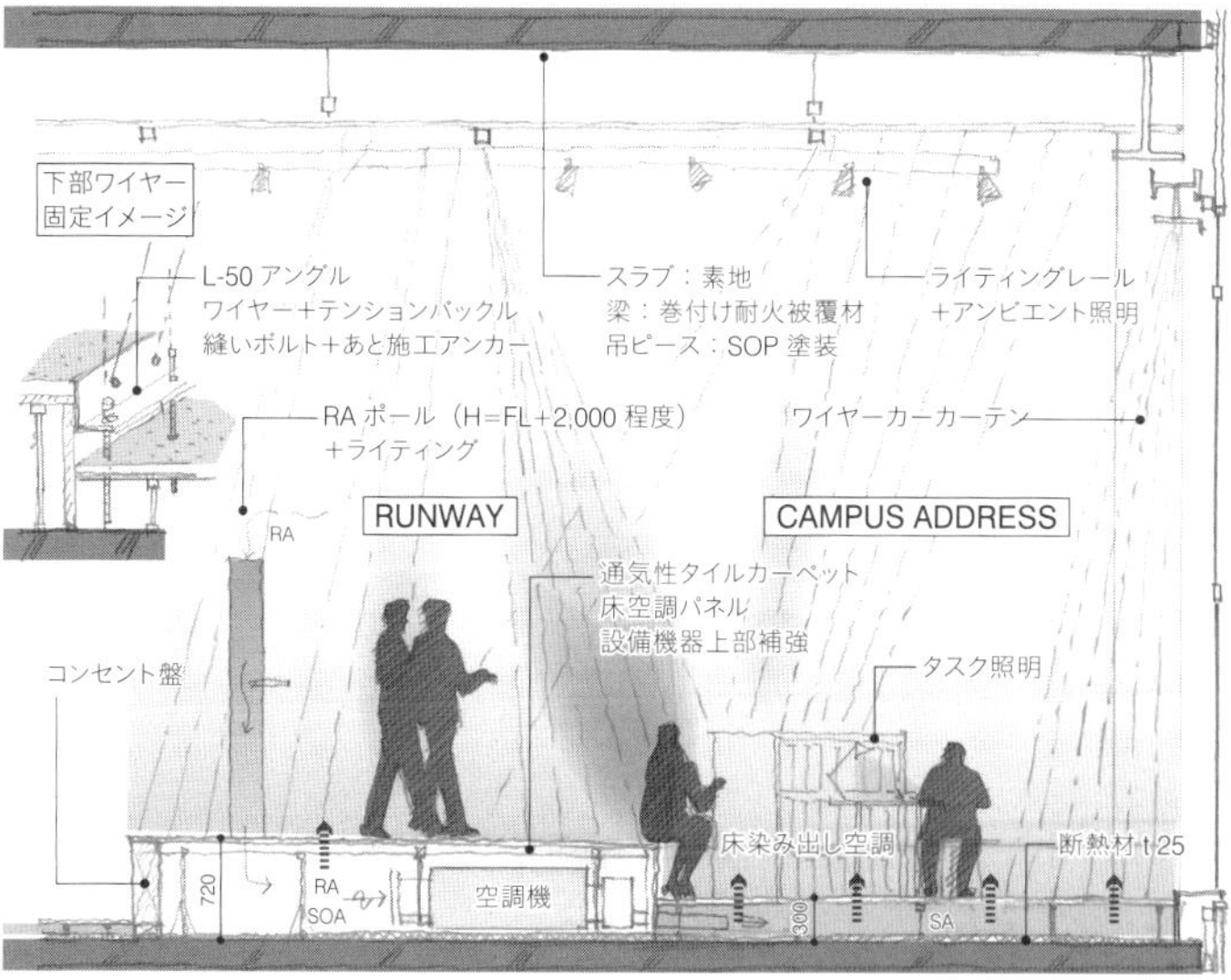

図4　詳細スケッチ

備ルートとしても活用し、空調機の収納スペースやダクトや電気の幹線と、オフィスの複合的なインフラルートとして機能させることとした（図4）。空調機の収納部分は「みち」のスラブが高くなっていたり、「みち」と「場所」に段差がついていたり、あえてレベル差をつける。最初はただ空間を仕切るだけの機能だった「みち」は、この段階で動線や設備、コミュニケーションの有機的な接点となっていった。

空間を程良く隔て、創造を促すワイヤーウォール

次に考えたのが、執務空間としてメガプレートをどのように仕切るかだった。通常のオフィスであればパーティションや間仕切り壁、家具などで空間をゾーニングするが、それではメガプレートの開放的な良さがなくなってしまう。意匠設計者である私は、未来の設計事務所としてこの空間に一体何をインストールすれば、設計者の感性や創造力の発揮を促せるのかを模索した。膜やカーテン、ガラスといった様々な素材も検討したが、最終的には「みち」と「場所」の間にワイヤーウォールを設える案に落ち着いた（図5）。ワイヤーの間隔には粗密をつけ、プライバシーをコントロールする半透明な壁として、あるいは癒しのグリーンウォールやあたたかな照明の受光面として多様な機能をもたせる（図6）。こうした有機的な装置がオフィスと社員の活発なアクティビティを促し、設計者の創造力を高めることに一役買うのではという提案だ。

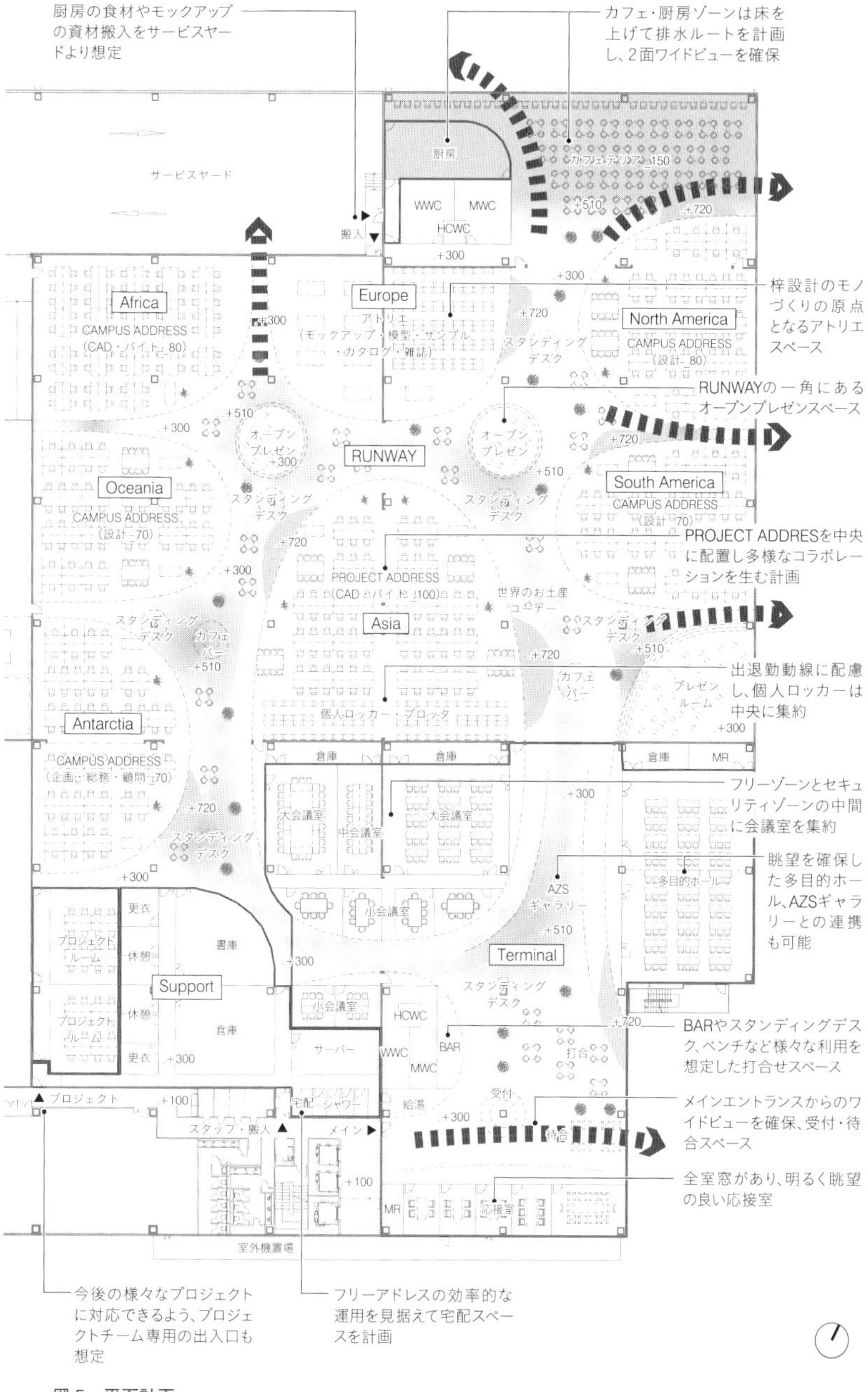
厨房の食材やモックアップの資材搬入をサービスヤードより想定
カフェ・厨房ゾーンは床を上げて排水ルートを計画し、2面ワイドビューを確保
梓設計のモノづくりの原点となるアトリエスペース
RUNWAYの一角にあるオープンプレゼンスペース
PROJECT ADDRESを中央に配置し多様なコラボレーションを生む計画
出退勤動線に配慮し、個人ロッカーは中央に集約
フリーゾーンとセキュリティゾーンの中間に会議室を集約
眺望を確保した多目的ホール、AZSギャラリーとの連携も可能
BARやスタンディングデスク、ベンチなど様々な利用を想定した打合せスペース
メインエントランスからのワイドビューを確保、受付・待合スペース
全室窓があり、明るく眺望の良い応接室
今後の様々なプロジェクトに対応できるよう、プロジェクトチーム専用の出入口も想定
フリーアドレスの効率的な運用を見据えて宅配スペースを計画
サービスヤード
厨房
カフェテリア 150
WWC
MWC
HCWC
搬入
Africa
CAMPUS ADDRESS
(CAD・バイト 80)
Europe
アトリエ
(モックアップ・模型・サンプル・カタログ・雑誌)
North America
CAMPUS ADDRESS
(設計 80)
RUNWAY
オープンプレゼン
Oceania
CAMPUS ADDRESS
(設計 70)
South America
CAMPUS ADDRESS
(設計 70)
スタンディングデスク
PROJECT ADDRESS
(CAD・バイト 100)
Asia
世界のお土産コーナー
カフェバー
Antarctia
CAMPUS ADDRESS
(企画・総務・顧問 70)
個人ロッカー・プロッタ
プレゼンルーム
倉庫
MR
大会議室
中会議室
多目的ホール
AZSギャラリー
小会議室
Terminal
プロジェクトルーム
更衣
休憩
書庫
Support
サーバー
BAR
打合
受付
待合
給湯
宅配・シャワー
スタッフ・搬入
メイン
プロジェクト
応接室
室外機置場
+100
+300
+510
+720

図5　平面計画

集中ブース

ワイヤーが密な部分は集中ブースとして利用

個人の色が出るワイヤースペース

スケッチを吊るすスタディウォールや植物を育てみどりのカーテンをつくるなど、自分たちで使い方をデザイン

ギャラリースペース

真っ青な空が目の前に広がる開放的な空間では最新の PJ 紹介や模型をワイヤーで吊って展示し、梓設計の魅力を伝える

図6　ワイヤーウォールのイメージスケッチ

コンセプトとアイデアの実現に向けての検討

チーム内でコンセプトや計画のアイデア、空間のイメージを共有した後は、実現性のある提案として成立させるため、意匠・構造・設備と各分野の検討に移った。私を含む意匠設計者3名と構造設計者1名はプランニングの詳細とワイヤーウォールの粗密感を、構造設計者は空間の核となるワイヤーウォールの強度や納まりを、設備担当者2名は「みち」を活用した効率的な設備システムを検討した。それらの検討結果を再度持ち寄り、計画の整合性を図っていく。空調機の配置と「みち」のフロアレベル差を調整し、ダ

クトや電気のルートを確保しながら「場所」の位置を決定した。こうして、意匠・構造・設備がインテグレートした「未来の設計事務所計画」が完成した（図7）。

次点という結果から描く次のステップ

コンペには10作品の応募があり、そこから選出された6作品が2次審査に進み、審査員へプレゼンすることになった。私たちのグループも2次まで進んだものの、先述のとおり結果は次点。結果を見て興味深かったのが、1位の案は私たちとの案とは真逆の計画だったことだ。壁のない完全なワンルームとしながらも、動線と執務空間を明確に分けた案だった。私たちは今、この1位案が実現したオフィスではたらいていて、実際とてもはたらきやすい空間である。今になって思うのが、私たちの案はどちらかというとアイデア先行型で、企画担当や総務担当など様々な分野の人間がはたらく組織設計事務所としては使いにくかったのでは、という点だ。もちろ

図7　空間イメージ

る限りの実務の知見から、実現可能性を兼ね備えた案を考え抜くことはできたものの、オフィス空間に求められる多様なニーズを十分に考慮できなかったのだと思う。

このコンペに取り組んだ3カ月を通して得たものが二つある。一つはそれぞれの分野でプロフェッショナルとして日々建築に向き合う頼もしい同期の存在を再認識できたこと。もう一つは、気心の知れた仲間でのミーティングや作業はお互いに伝えたいことを率直に伝え、全員が同じ方向を向いてポジティブにコンペに取り組むことができた。これは他の実務でも同様で、意匠設計者である自分が、どうふるまえばチーム全員がポジティブに各々の仕事を進めることができ、プロジェクト全体が良い方向に進むかということを常に考えるきっかけとなった。完成した新しいオフィスに組織全員が移転してから3年が経った。相変わらずそれぞれの仕事、担当している建築と向き合っている同期メンバーのはたらきぶりに刺激を受ける毎日だ。いつかこのチームでコンペを勝ち取れるその日まで、互いに切磋琢磨して奮闘し続けていきたい。

石井衣利子（いしい・えりこ）
1986年長野県生まれ。2010年芝浦工業大学大学院修了後、株式会社梓設計にて勤務。［新宿労働総合庁舎］［産総研福島再生可能エネルギー研究所］［エフピコアリーナふくやま］などを担当。

9年目

チームを導くトータルディレクション
——イノベーションが生まれる研究所

箕浦浩樹
株式会社大林組

使い手のはたらき方にフォーカスしたプランニング

当時入社9年目、自分が主担当として設計したプロジェクトもいくつか竣工し、設計者として自信がついてきた時期に飛び込んできたコンペが島津製作所［Shimadzu みらい共創ラボ］のプロジェクトだった（図1）。入社して以来コンペ案件に携わることが多く、部や課を飛び越えて仕事が舞い込むこともよくあったが、これもその一つだった。自由度が高く、やりがいのあるプロジェクトではあったが、これまで比較的小規模な案件を実

図1　三つのボリュームに分節され内部のゾーニングを表す外観（撮影：株式会社伸和／薮内正直）

担当1人で設計してきたことが多く、最新鋭かつ内容が多岐にわたる大規模な研究所といった要素の多さに不安もあった。

意匠担当者は私含め3名。まず取り組んだのはプランニングだ。研究者の方々がはたらくフィールドをどう構築するかがこのプロジェクトの軸だと考えた。どのようなはたらき方がイノベーションにつながるのかに想いを馳せて夜な夜なプランニングを突き詰めた。結果、ラボエリア・オフィスエリア・リフレッシュエリアを整然と三つのボリュームに分け、それらを行き来する二つの緩衝地帯（通り）を、吹抜けを絡めながら立体的にデザインすることで、三つのエリアを有機的に巡るプランニングに辿りついた（図2）。研究員の働く意識をゾーニングで変えていく考え方が特に評価され、見事コンペを勝ち取ることができた時は本当に嬉しかった。

チームとしての相互作用

このプロジェクトで体感したのは、「チームとしての盛り上がり」

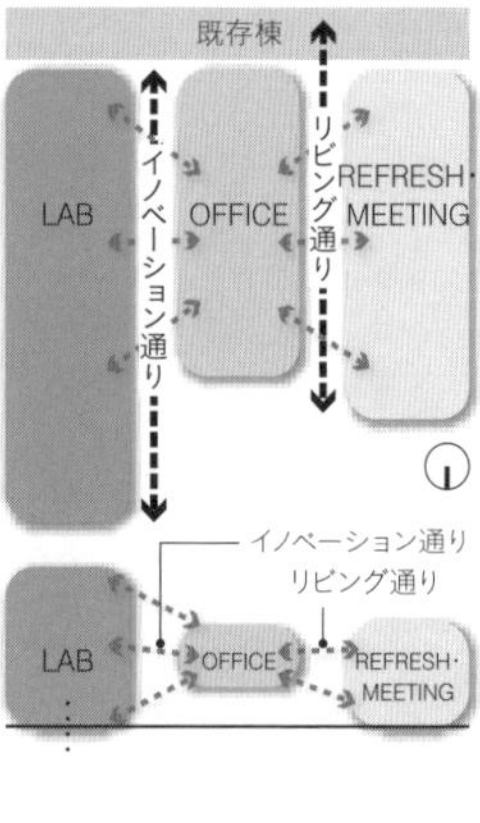

図2　コンペ時の模型とゾーニングの考え方

であった。各々自ら長所と考えるポジションを軸に互いの分担領域をオーバーレイするようなかたちで進めた。私はこれまでの知見を最大限活かして、内外部のデザインとそのディテールの検討に取り組んだ。自分の持ち場といっても、悩ましいところは先輩に相談すればデザインのアイデアを実現するストーリーがどんどん積み上がっていくし、後輩のプロジェクトを推進する力はとても刺激になった。これまで近い世代と一緒に設計をする機会がなかったので、案がどんどん修練されていく推進力が新鮮で、プランニングがまとまる頃にはコンペ当初にあった不安もすっかりなくなっていた。仕事終わりによく飲みに行くなど、忙しくも心身ともに充実し、チームの強みを実感していた。

基本設計が始まると、私は担当していた内外部の詳細な納まりにおいて、空間に溶け込む空調の在り方や、吹抜けを貫くライン照明の詳細検討など、ひたすらコンセプチュアルなディテールを積み重ねることに注力した。一つひとつの洗練された細部の集積で空間全体の質を高めるという設計思想は、小さな発想の転換や改良の連続がやがて大きなイノベーションを生むという研究所の姿勢に通じるものがある。そんな空間が日々の研究活動を間接的にでも創発できればと考えた。他部門との調整は時に衝突しながらも、お互いの目指すところを高め合うように粘り強く進めていき、建築空間としての統合を図った。

マテリアルを選定する際も、日々目にする空間が何かしら多面的な発想のひらめきにつながればと思い、外壁の特殊塗装やインテリアのテクスチャーなど、「見方によって多様な表情をみせる」ものを積み重ねていこうと考えた。外装に使用したアルミキャストルーバー（図3）は特に検討を重ねた部分だが、コスト的な制約も加味して最終的には一つの型で構成しつつも、縦横反転させることで微妙な角度の差をもたらし、光の反射によって豊かな表情をもたらすデザインとした。海外の工場まで足を運び、かたちやテクスチャーにこだわった結果、シンプルかつ深みのあるディテールが実現できたと思っている（図4、5）。

図３　多様な表情をつくる外装アルミキャストルーバー
（撮影：株式会社伸和／藪内正直）

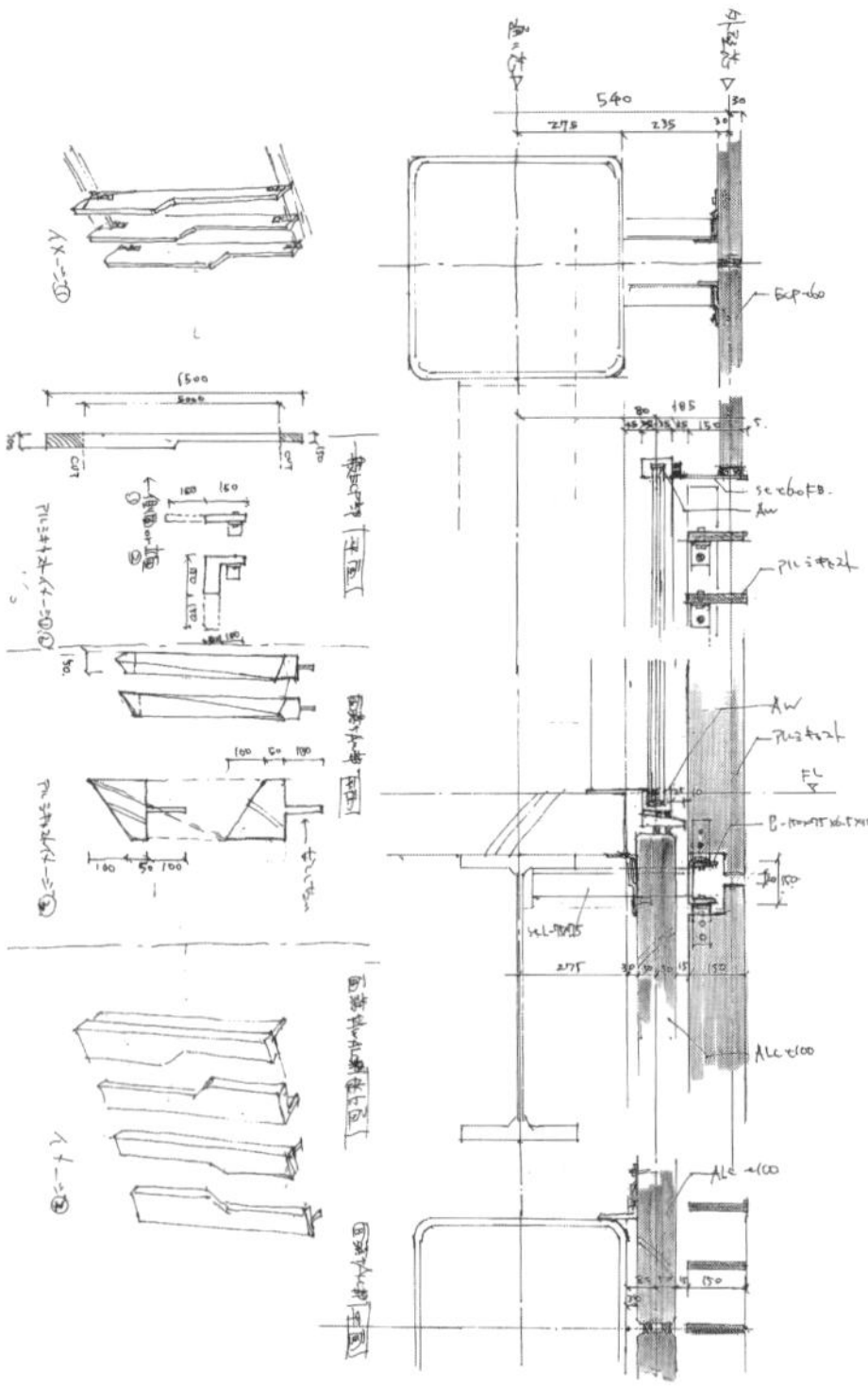

図４　外壁との取り合いにもこだわった初期スケッチ

より良い空間を目指す想いを紡ぐ

内部空間は、元来閉鎖的なラボエリアをより柔軟に開いて、研究者の方々のアクティビティを活性化させるようにデザインし、イノベーションを生む空間を目指した。

島津製作所の方々からとにかく〝たこつぼ〟と表現されてきた従来の研究エリアを打破したい！という想いを最大限達成するべく、縦横のつながりを横断して様々な分科会を立ち上げていただくことに。各分科会で何度も打合せを重ねては潜在的な要望を拾い上げてもらうほどに、自分たちが実際に研究する場所への意識の高さを感じ、こちらもそれに誠心誠意

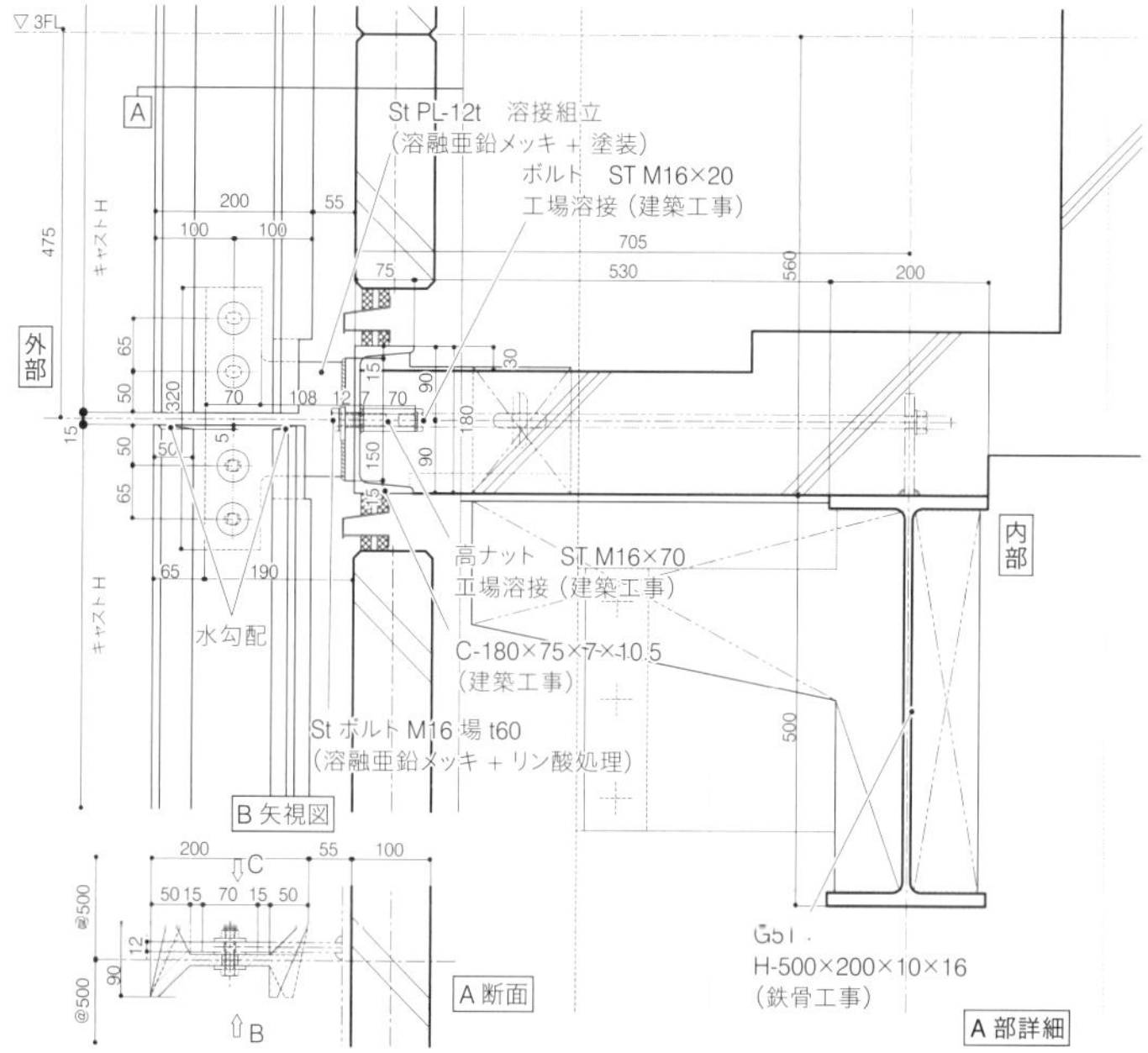

図5 アルミキャストルーバー最終詳細図

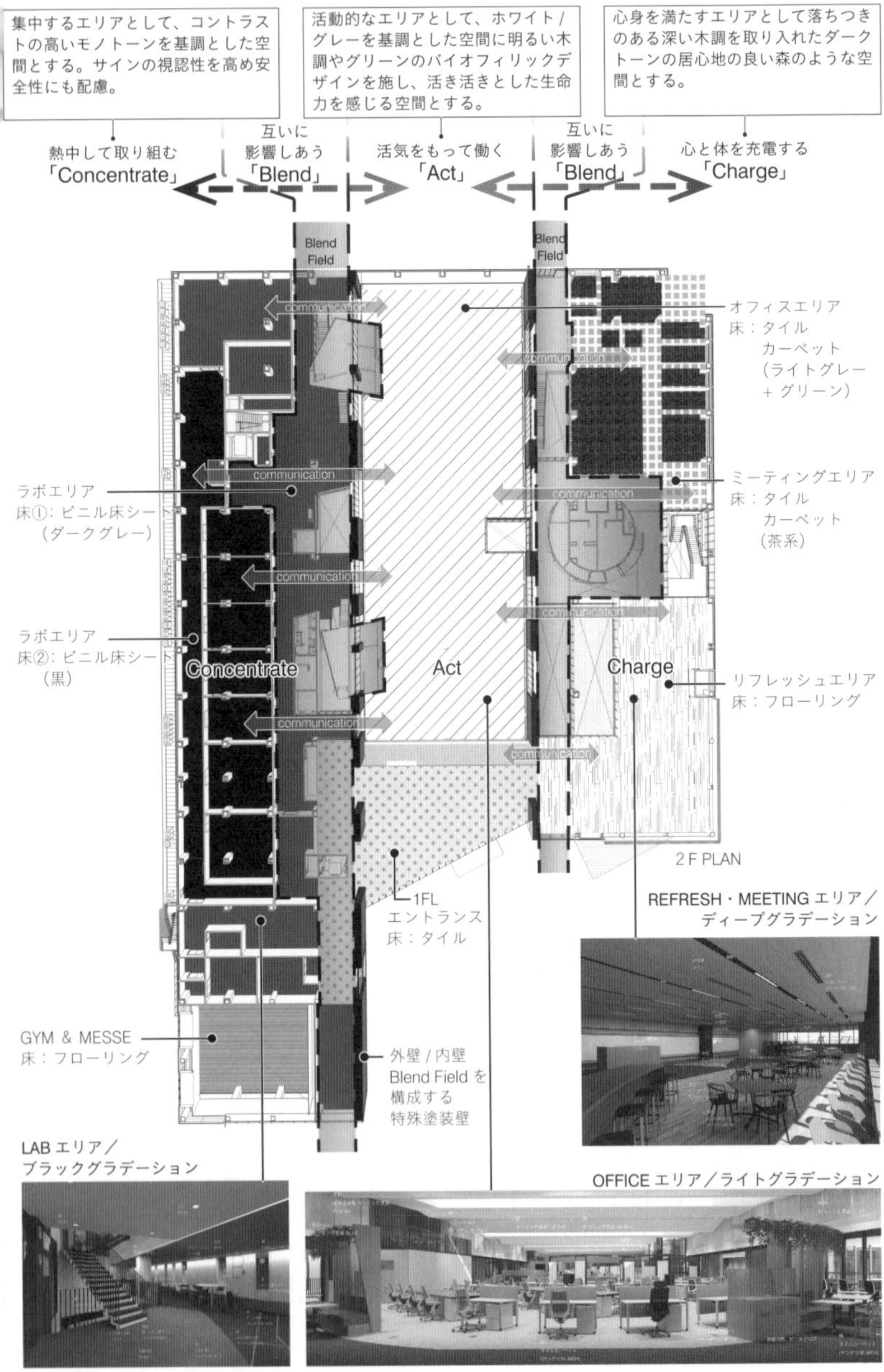
集中するエリアとして、コントラストの高いモノトーンを基調とした空間とする。サインの視認性を高め安全性にも配慮。
活動的なエリアとして、ホワイト/グレーを基調とした空間に明るい木調やグリーンのバイオフィリックデザインを施し、活き活きとした生命力を感じる空間とする。
心身を満たすエリアとして落ちつきのある深い木調を取り入れたダークトーンの居心地の良い森のような空間とする。
熱中して取り組む「Concentrate」
互いに影響しあう「Blend」
活気をもって働く「Act」
互いに影響しあう「Blend」
心と体を充電する「Charge」
Blend Field
Blend Field
communication
オフィスエリア
床：タイルカーペット（ライトグレー＋グリーン）
ミーティングエリア
床：タイルカーペット（茶系）
ラボエリア
床①：ビニル床シート（ダークグレー）
ラボエリア
床②：ビニル床シート（黒）
Concentrate
Act
Charge
リフレッシュエリア
床：フローリング
2 F PLAN
1FL
エントランス
床：タイル
GYM & MESSE
床：フローリング
外壁/内壁
Blend Field を構成する特殊塗装壁
REFRESH・MEETING エリア／ディープグラデーション
LAB エリア／ブラックグラデーション
OFFICE エリア／ライトグラデーション

図6　空間の質に合わせた意識を促すインテリアデザイン

応えようと邁進した。例えば実験中、プレパラートの固定時にラボ外に出るチャンスがあるといった意見を汲み取り、ラボ周りの緩衝地帯（通り）にカフェカウンターやトイレを追加し、アクティビティを活性化させるように仕掛けた。細やかに意見を落とし込むことで、より良い場所へ計画がドライブしていったと感じる。

そういった空間の使い方と連動して、インテリアも活動的（Act）なオフィスエリアを軸に、集中する（Concentrate）ラボエリア、心と体を充電する（Charge）リフレッシュエリア、それらを混ぜ合わせる（Blend）のが二つの通りと位置付け、その空間の質に合わせたカラースキームを創り出した（図6）。

コンセプトを芯にした空間全体のディレクション

また今回は、家具工事なども含めた空間の質に関わる部分を、施主側とインテリアメーカーとを巻き込みながら、空間全体をディレクションする立場としてリードすることができた（図7）。建築の表層的な「見え方」だけでな

図8　溶け込むデザイン（撮影：Tomooki Kengaku）

図7　アクティビティと連動する家具（撮影：アイフォト／伊藤彰）

図９　途切れない照明と研究者のアクティビティが絡み合う“通り”（撮影：アイフォト／伊藤彰）

く「使われ方」にフォーカスしたコンセプトを軸に、家具だけでなくサインデザインやライティングなども空間のアクティビティに合わせて様々な要素を紐づけ、建築空間と溶け合うようなデザインが達成できたと感じている（図8、9）。特に吹抜けを介して複雑な構成になっていた二つの通りに対して、途切れないライン照明をいかにシンプルに見せるかを追求したライティングデザインは上手くできたと思う。複雑な平面形状のなかで通常の照明配置ではこの空間、ここでのアクティビティにそぐわないと感じていたので、電気設計者や構造設計者、照明デザイナー、現場の方々それぞれの立場の想いを集約し、皆の力を合わせて実現できたことと感じている。

チームのパフォーマンスを最大化する〝想い〟

竣工後、サインデザインや照明計画、オフィスレイアウト等がそれぞれの分野で賞を受賞するなど対外的にも評価されることとなり（図10）、良いチームで仕事ができていたことを再認識した。これまでは自分1人で没頭して何かを突き詰めていくはたらき方をしていたかもしれないが、このような大規模かつ複雑なプロジェクトをチームで成し遂げられたことは私自身貴重な経験だった。プロジェクトの大きな部分を占める設備的な与件と、イノベーショナルな空間の在り方、そこで研究する方々のクリエイティブなアクティビティなど、最先端の研究所として検討すべき要素が絡み合う複雑なプロジェクトであるがゆえに全体のコンセプトの解釈に幅があり、提案や発想が先走って、ともすれば各要素が折り合うことなく、ちぐはぐになりそうな場面もあった。そんな時にチームとして一つの方向性にリードしていくのは、やはり設計者として考え抜いたコンセプトだったように思う。設計者のディレクション次第で各人の発想はうまくレイヤリングされ、プロジェクトがどんどん豊かになっていくことを知った。これからも多くの関係者の想いを余すことなく空間に昇華できる様な設計者を目指していきたい。

箕浦浩樹（みのうら・ひろき）

1985年生まれ、大阪出身。2010年神戸大学大学院修了後、株式会社大林組入社。［城南信用金庫中野支店］［大阪センター］［神戸のゲストハウス］［GOOD NATURE STATION］［箕面市立文化芸能劇場］などを担当。本プロジェクトにて第35回日経ニューオフィス推進賞　近畿ニューオフィス推進賞、照明学会 照明施設賞、日本サインデザイン賞銀賞などを受賞。

図10　多くの人の想いが詰まった［Shimadzu みらい共創ラボ］（撮影：アイフォト／伊藤彰）

10年目

事業性を満たしつつ一歩先の価値を提案する

――人工島につくる親密な集合住宅

三谷帯介
鹿島建設株式会社

思いがけないプロジェクトとの出会い

「隣と同じ建物を、もう1棟建ててほしい」。ある日突然、そんな仕事が自分の元に舞い込んできた。その「隣の建物」とは、神戸市中心部の沖合に浮かぶ人工島に5年前に竣工した、215戸のワンルームからなる学生賃貸マンション（図1）。設計者は集合住宅のプロである社内の大先輩である。その方が既に転勤していたため指名されたのだが、入社10年目の自分はと言えばこれま

図１　人工島に建つ全景。左が１期建物（撮影：写真通信）

で住宅系の建物は担当したこともない。自然な流れではあるが、施主の要望は「同じものでいいのだから、最短で・より安く」だと言う。

恐らく施主は、本当に同じ建物をつくっても満足してくださるだろう。だが、自分が担当するのにそれで良いのか？　そんな想いを抱えながら［サニープレイス港島Ⅱ］プロジェクトは始まった。

感覚を信じて手掛かりを探す

隣地に建つ1期建物は、さすが集合住宅の設計に長けた方が手掛けただけあって、プランが良く整理されていて破綻がない。竣工写真を見ると、外装もエントランスも学生マンションとは思えないほど洗練されている。一体自分は何をすべきなのだろうか？　そう感じながらともかく現地に行ってみた。

敷地周辺には近年複数の大学キャンパスが進出しているが、人工島らしい大きなスケール感の街区に港湾施設が建ち並び、学生たちは最寄り駅から大学まで、トラックが行き交う幅員の広い産業道路沿いを行き来している。学生時代の6年間を神戸で過ごしてきた私にとってはかつて何度も通ったことのある場所で、およそヒューマンスケールとはかけ離れたまちの雰囲気はおおむねわかっていた。意外だったのは1期建物の中に入ってからだった。竣工写真で見ていた印象的なエントランス壁面の間接照明は消され、ステンレスなど硬質な仕上材を多用した共用空間は、周辺の環境も相まって心なしか冷たい感じがした。

――自分は、1期とは異なる価値を提案しよう――

そのとき、そう心を決めた。

逆境を味方に付ける

問題は、「1期と同じでいい」と考えている施主をどう説得していくかだ。「私が良いと思うから」という理由だけでない、変更案を出していく突破口が必要になる。そこで、検討を進めるにつれて見えてきた1期と異なる状況を洗い出し、あらゆる局面で議論の展開を考えてみた。

①施主は同じだが、マンションを運営するサブリース会社が違う

→専有部の細かな仕様の違いに着目し、彼らの「(1期と)変えたい」という一言を足掛りに、自分のデザインに引き寄せる

図2　まちに潤いを創出するアプローチ広場（撮影：写真通信）

②1期より敷地が広いため、行政指導が違う（公園状空地など、外構整備に厳しい要求が掛かる）
→諸条件をクリアしながら、外構もデザインし直す（図2）
③建設物価が上昇しているため、1期と同じ仕様ではコストが合わない
→つくり方まで突き詰めた合理化の先に、自分の考えるデザインを実現する（図3）

このような通常の設計であれば避けたくなる状況が訪れたとき、今回の自分にとっては「チャンスの鐘」が鳴るのだと気付いた。あとは自分が考える「価値」をデザインに具現化して的確に提案し、多方面の関係者に共感してもらえるよう突き詰めていくしかない。

図3　PC現しの仕上げで施工の合理化とデザイン性を両立させた2期建物のバルコニー
（撮影：写真通信）

状況を切り拓く

プロジェクトが本格化し、先述の展開方針に基づいて様々な局面で変更提案を行っていくことにした。外構では、1期との見合いと日照を考慮した配置計画によって前面に生まれる奥行の長いアプローチ空間を活かし、行政が求める公園状の広場を整備するとともに、敷地北西角には交差点に面してロックガーデンとベンチを整備し、学生や市民が憩い・人工島の風景に潤いを与える場をつくった。植える樹木も施主と阿蘇山の山林まで見に行き、「主要な木は自分たちで選んだ」という愛着も加わった、ここにしかない外構空間が生まれた。

外装では、バルコニーなどにPCを採用して施工の合理化を図るとともに、セパレーターの入れ方や養生方法を監理して素地仕上げとし、ガラス手摺と組み合わせることでより現代的なデザインに変更した。また、妻面では1期で採用されていた外壁タイルの将来的な剥落リスクをなくすため、前例のない外壁工法に挑んだ。型枠にタイル目地を再現する特注シートを接着して打設したコンクリートに、複数色の塗装をランダムに施しモザイクタイル張りの外壁を高精度に再現する独自工法で、モックアップをつくって試験塗装を

図4　北面夕景ディテール。共用部のシーンが浮かび上がる
（撮影：写真通信）

繰り返した。現場打ちコンクリートの施工精度と目地のずれに対応するため、打継部にはアルミサッシ型材を元にした見切材を設けるなどディテールも追求した。失敗の許されない難工事に施工者が高い技術力をもって取り組んだ結果、見切材が親しみやすいスケール感・陰影と軽やかさを生み出す独特な外観が現れた（図4、5）。

内部は1期の効率的な中廊下型プランを踏襲しつつも、防火区画のとり方を見直して回遊性のあるエントランス空間をつくり、インテリアデザインも大々的に変更した。それは初めに自分が現地で感じた感覚に基づく提案で、人工的なまちから自宅に帰ってきた学生たちが、アプローチから自室に至る過程で徐々に細やかになっていくスケール感や手触りのある素材たちに触れられる、「感覚のシークエンス」をつくろうと試みた（図6）。

図5　新しい施工技術とディテールが共鳴するモザイクタイル張りの再現塗装（撮影：写真通信）

図6　帰宅する学生たちをあたたかく迎えるポーチ（撮影：写真通信）

つくりたい価値を貫き、具現化する

施主は当初、変更提案のたびに「1期と同じでいいと言っているのに」と思われていたと思う。ところが、途中からは一緒になって提案を楽しんでくれるようになった。そしてあるときエントランスまわりのデザイン変更案を出すと、施主の役員は提案を見るなり、「君がやりたいって言うんやろ？　じゃあええよ」と一言。質疑はなし。実はそのとき、私は照明計画の変更提案もしていた。初めに1期を訪れた時、消されている共用部照明が多く寂しい感じがした。用途上や節電のため仕方ないこととかも知れないが、「絶対に消されない照明計画をつくろう」と思った。それは以前、学校のプロジェクトを担当した際に上司から教わった考え方でもある。そこで今回は、エントランスホールを1本の間接照明だけでつくることにした。消したら真っ暗になるので、消せない照

図7　周辺環境と対照的な素材感とスケール感をもつエントランス（撮影：写真通信）

明である（図7）。

だが、その説明を聞く間もなく施主は全面的に任せてくれた。だから竣工したときに絶対に「暗いね」と言わせてはいけない。施工途中で器具を試験設置してもらい、器具の色温度の調整を経て実現した光は、神戸の海と空の色から導いたモザイクタイルグラデーション張りの大きな壁を柔らかく照らし、帰宅した学生たちを迎えている。

共用廊下はエイジングの効いた木調の床とあたたかな照明、アンバー色の金物で構成し、突き当り正面には必要な排煙窓を、神戸の風景を切り取るように慎重に割り付けて設けた（図8、9）。自室に入ると、サブリース会社の仕様に合わせることを足掛かりに変更した明るく落ち着きのあるインテリアと、窓の外にオーシャンビューが広がる。そこから見た風景は、心なしかプロジェクトが始まった頃よりあたたかく見えた。

図9　神戸の風景を引き込む
（撮影：写真通信）

図8　居室の感覚に近づいていく共用廊下のインテリア
（撮影：写真通信）

構想から竣工後まで、全員でつくる建築の価値

「1期とは異なる価値を提案しよう」。そう決意して取り組んだ2期プロジェクトだったが、住宅用途初挑戦の私がこのプロジェクトを完遂できたのは、言うまでもなく1期という完成度の高い下敷きがあったことが大きい。また、プロジェクトを全面的に任せつつ、必要なときには的確な助言をくれる心強い上席の存在もあった。施工方法まで追究した合理化の検討・提案には施工者の知見が欠かせないし、彼らのアイデアを咀嚼することで初めて実現したデザインも多々ある。設備部門の人たちも、最後まで私の細かなこだわりに親身に協力してくれた。プロジェクトの入手から施主への度々の提案機会は、営業部門の方が一緒になってつくってくれた。そして、それを信頼し受け止めてくれた施主がいた。関わったすべての人たちの存在があって、建物は完成した。

竣工の直前、どうしても心残りがあった。エントランスホールを単なる通過空間ではなく、学生同士が出会う「居場所」にするため、細やかでも良いから家具を置きたいと思っていた。サブリース会社に購入を提案したが、普通は学生マンションにそんなものは置いていない。「良いとは思いますが……」と良い返事をもらえず悩んでいると、ある日現場所長が「その家具、三谷さんへの『頑張った記念』として買おう」と言い出してくれた。いわゆる「竣工記念品」として寄贈しようと言うのだ。かくして提案したとおりの家具と植栽が設置され、その空間は「居場所」にさらに一歩近付いた。

竣工後1年目の検査で久々に建物内を回った。管理人さんが「設計さんのこだわりが詰まっていますから」と言い、とても綺麗にメンテナンスをしてくれている。完成前から入居希望が多く満室になっていたが、途中で1室だけ空きが出たらしく、サブリース会社の方は「入居募集のポスターを貼りたいのですが、どこなら貼っても良いですか？」とわざわざ私に聞いてきてくれた。

そして、「この廊下が好きや。いつ見ても最高やろ？」と共用部を歩きながら前出の施主役員が出席者に投げかけた言葉は、「あぁ、この方は『自分の建物』と思って下さったんだな」と感じさせてくれる、私にとって最高のご褒美となった。

「懐かしい未来」

プロジェクトを通してつくりたかったのは、初めて親

図10　ポーチに差し込む朝日が学生たちを送り出す（撮影：写真通信）

元を離れてこの人工島に住まうことになった学生たちがあたたかさを感じながら過ごせる場であり、それを生み出す「親密さ」という価値だった（図10、11）。特別に高価な素材や難しいディテールは使えなくとも、それら一つひとつを丁寧に積み重ねつつ、初見では気付かないようなところにも新しい技術を織り込むことで、事業性が優先されがちな「学生賃貸マンション」というビルティングタイプの一歩先に進みたいと考えた。

　ここで過ごした学生たちが次の未来に進んだ時に、懐かしく思い出せる場所になっていたら幸せだ。

三谷帯介（みたに・だいすけ）
1980年高松市生まれ。2005年神戸大学大学院博士前期課程修了後、鹿島建設株式会社勤務。［アルビオン白金教育センター］［立命館中学校・高等学校長岡京キャンパス］などを担当。住宅作品に［逆瀬川の家（自邸）］。社内誌編集長、在阪四団体共同まちづくり提言委員なども務めたのち、現在はKAJIMA DESIGN ASIA Bangkokマネージャー。

図11　懐かしさと新しさが融け合う建築（撮影：写真通信）

座談会③

自らの責任のもと、多角的な視野で動ける拡張期

コーディネーター：髙畑貴良志（株式会社日建設計）
編集：箕浦浩樹（株式会社大林組）

多角的な視点で考える

髙畑　8～10年目になると、その建築が社会的にどういう意義をもつのかとか、俯瞰してプロジェクトを考えるようになる人が多いように思います。とはいえ興味関心の変遷が正反対のルートを辿る人もいて、若手の頃はひたすら社会性を考えてきた人が、年次が上がる

図１　三谷帯介さん（鹿島）

とディテールにとことんこだわりだす場合もある。人それぞれで面白いですが、共通するのは視野が多角的になっていくことですよね。

三谷　隣の建物と同じものをつくってほしい、という依頼のプロジェクトを10年目に担当しました。設計以前に、新しい価値提案が求められていない状況を戦略的に変えていく必要があり、サブリース会社が違うこと、行政指導・法規規定が違うこと、物価上昇によるVECDなどを足掛かりに、お客さんや関係者も納得できる、事業性を兼ね備えた設計変更を考えました。難しい与条件に糸口を見つけ、自分でそれを塗り替えていく手ごたえを得た経験でしたね。

若江　私は10年にわたって大学のプロジェクトに参画してきました。複数の学部棟を設計していくなかで常に必要とされたのが、建物単体だけでなくキャンパス全体をどうつくるかという大きな視野ですね。

興津　プラスαの価値提案にやりがいを見出す時期なのかなと思います。施主のニーズを満たすだけでなく、社会や地域の課題にも良い影響を及ぼしうる提案を、矛盾なく掛け合わせることができる知識と経験の引き出しが揃ったというか。プロジェクトをディレクショ

図2　若江直生さん（日建設計）

ンする経験値も積んできているから、計画全体を俯瞰しながら仕上げやディテールまでトータルで、より一貫した価値提案ができるようになるんだと思います。

「普通」ではない価値を提案する

若江　何か「普通」以上のものを提案したいという気持ちは、それこそ入社1年目からありました。でも当時はそもそも普通が何かもわかっていない。「このトイレ、設計していいよ」と先輩に任されても、普通のトイレすら知らないのに、普通じゃないトイレを設計できるわけがないですよね。そういう新人時代から自分なりにずっとトレーニングを重ねてきたのがディテールの設計でした。でもディテールって、取り合いなんかを極限まで追及して綺麗に仕上げることはできても、それが建築のコンセプトとして意味をもつ納まりにまで昇華させることは、なかなかできない。この大学のマリオンのディテールは、10年目にしてようやく、建築のコンセプトを体現するディテールを追求できたと思っています。他社や過去のいろんな物件を参照し、社内でも技術的な検図担当者や構造設計者に相談し、彼らとの会話や検討を繰り返して初めて、層間変位を一段ずつ支えるというアイデアに辿り着けたというのも、大きな手ごたえでした。

高畑　1〜3年目の話にも出てきましたが、あの頃僕も全く図面が描けなくて。そういう人は1本の線がどんなかたちで立体として立ち上がるのか、経験を積んで空間として理解しないと線が描けないいんですよね。でも逆に、それが理解できたら一気に視野が広がりますよね。

若江　このディテールが実現して、初めて自信がつきました。基本設計の時点では何人ものベテランから「これ、どうやって納めるの？」「難しいこと提案してるなあ」と繰り返し突っ込まれていたので、自分でも「なんとか頑張ります」と返答するしかなくて。実施設計でも答えは出てこず、ギリギリまで悩み続けて解けなかったんですよ。裏を返せば、この構成はこのディテールでなければ解けない必然性がありました。例えば、レンガや漆喰などの材料を使いたいと思っても、予算がなければ簡単に別の材料に置き換わってしまいます。だけど構造は剥ぎようがない。構造と意匠が完全にリンクしていれば、ある意味変えようがないですし、合理的なデザインであると思うのです。この頃は特にそういうことを考えていました。

与条件自体も自分でデザインする

高畑　技術的な前提を整理してディテールを解くというように、この年次は与条件から極めて能動的にデザインできる能力がつきますね。

三谷　プロジェクトごとに与条件は千差万別ですよね。僕の事例では、ディテールはいかに現場での手間を少なく合理的にきれいにつくれるかも課題でした。一見制約に思えますが、コストや法規、施主のニーズ、あらゆる与条件を総合的に整理して、どこでならプラスの価値変換を起こせるか見極める力も大切だと思います。実際に外構、設備、仕上など様々な局面で自分が提供したい価値をかたちにできたと感じました。そんなふうに10年目くらいになると与条件を味方につけるのがうまくなるわけですが、自分が良いと思う価値や空間を、1%でも2%でも多く提案に盛り込んでいく思考プロセスというのは、1年目からずっと一緒ですよね。

階段を上がっていく感覚

高畑　自分を振り返るともともとディテールを考えるのが好きで、そ

図3　下田康晴さん（東畑建築事務所）

れをずっとやり続けてきました。けれどもう何が来てもある程度応用が利くなという自信がついて、最近はそれ以外のことに興味が出てきました。例えば地域性や社会性のようなもっと広い視点が自分には足りてないので、次はその階段を登ろうと。人によって今上っている階段も違えば、どの階段を選ぶか順番もそれぞれ違いますよね。

下田　今15年目ですが伸び悩んでいる自覚があって、成長の平場にいる感じですね。僕の場合、今の立場上建築を広い視点でばかり見るようになってしまって、なかなか計画に没頭できていません。特に建物に集中できていた時期っていうのはやはり10年目ぐらいまでだったかもしれないですね。

若江　10年目を超えると特に、それまでの経験を踏まえて総合的に考えるようになりますよね。例えばプロジェクトのコスト管理ひとつとっても、年次が上がるほど、最初からそこを意識するようになる。10年目まではある意味見え切っていないからこそ盲目的に取り組めるといった側面もあると思います。

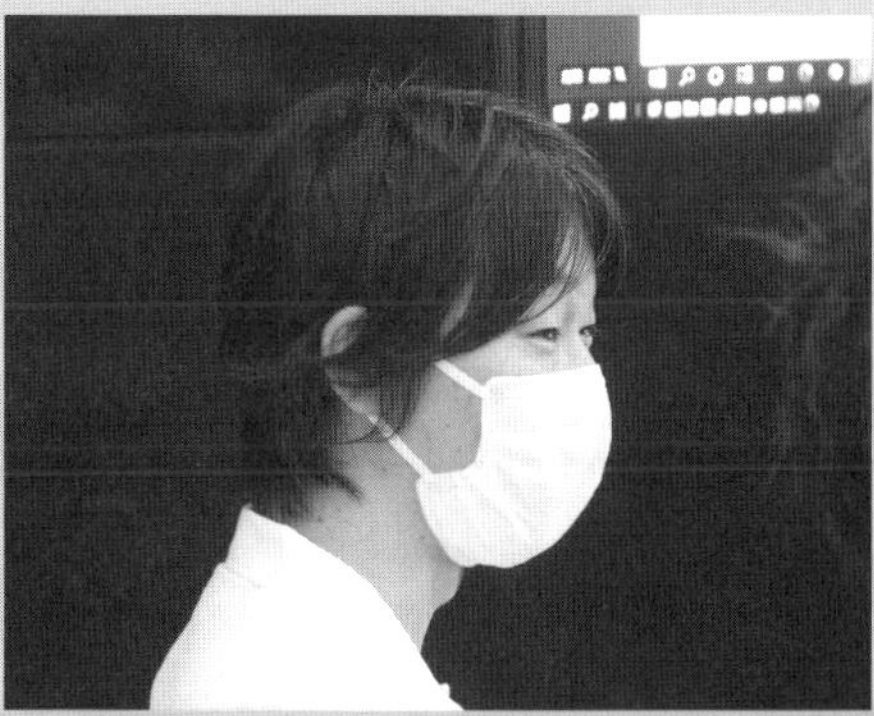

図4　小原信哉さん（山下設計）

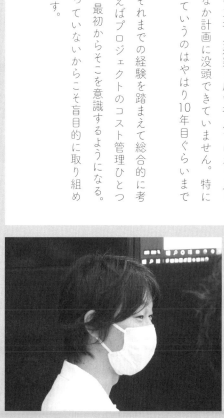

10年目のその先。
立場の変化とチームのパフォーマンスへの貢献

下田　10年目を超えて背負うものが増えると視点の広がり方も違ってきますよね。段々と支えてくれていた人たちがいつの間にか居なくなって、自分が支える側になっていきます。もちろんチームのメンバーに助けを求めることもできるけど、最後は自分で腹を決めないといけない。プロジェクト全体を支えながら、自分も一緒に山を登っている感覚です。

小原　たぶん4〜7年目くらいから施工者さんやメーカーさんとの関係を意識するようになって、8〜10年目になって立場を超えてプロジェクト全体を俯瞰できるようになる。10年目以降は、後輩たちにどういう力を発揮してもらおうか、という意識が入り始めますよね。がむしゃらに設計する自分とは違うもう一人の自分が、後輩たちのはたらき方やプロジェクトのまとめ方を考えるようになって、また

見え方が変わりますね。

若江　結局、社内も現場も自分ひとりでは動かないし、それで建築はできないですよね。いかに人にパフォーマンスを発揮してもらうかを考えるようになりますね。

三谷　後輩たちと一緒にプロジェクトを担当することが増える10年目以降は、もっと良いものができるよう、彼らの力をうまく引き出してあげることも自分の仕事の一つになりましたね。現在は海外に駐在していることもあり、海外の人にどうやって力を発揮してもらうかも目下の課題です。言葉のすべては通じなくとも「あの人と一緒に仕事をしたら楽しい、こんな提案をあの人にしてみよう」と、彼らに思ってもらいたいんですよね。

高畑　そうですよね。日本人同士の現場でさえ、大変さの先にある楽しさを共有するのって簡単じゃないですもんね。やっぱり現場が終わった後、同じチームの人たちと、この現場は楽しかったねって言い合える関係でありたいし、今日ここに居るメンバーは良いものができているから、きっとそう言い合えているんだと思います。

図5　当日のメンバー（オンライン参加者を除く）

社外活動コラムIII

時代のニーズを探り、自らまちを楽しむ

制約をポジティブに捉える「建築と水辺」（7th action）

コラムIIで紹介したフィールドワークで得られたのは、観光客の目を通して見た大阪の魅力が、道頓堀や堂島川などの水景に代表される自然と都市・建築の融合にあるという気付きだった。「水都大阪」の魅力を私たち自身がどれだけ自覚できているのか？　その魅力を再発見することを通して、水都大阪を未来に受け継いで行くきっかけをつくれないかと考えたのが水辺の活用イベントだった。

ところが開催に向けて議論が深まりだした2020年、COVID-19の感染が拡大し、やむなく開催を延期することに。緊急事態宣言下でメンバーの仕事もこの活動もリモートに移行。3カ月後、長く続いた緊急事態宣言が解除されて議論を再開。「歴史的にも建築や社会はパンデミックのような社会情勢と密接に関係し、都市は柔軟に変容してきたのではないか？」「この状況を建築や都市が変わるチャンスと捉えられないか？」などメンバーで活発に議論した。同じ時を同じ場所で〝安心・安全〟に過ご

図１　難波橋「波打つ広場」

図２　剣先噴水「水辺カーペット」

せる場として、大阪の野外水辺空間を再発見することをテーマに据えた。

だれもが楽しめるまちを取り戻す

舞台は「水都大阪」の中心地の中之島公園。場の共有を促す場として、〔剣先噴水〕〔難波橋〕〔中央公会堂南東側川沿いデッキ〕〔ばら園水際〕と4つの場所を設定。〔剣先噴水〕では景観のアイキャッチとなるレッドカーペットを敷き非日常空間を創出するインスタレーションを、〔難波橋〕では地面に多様な波紋をペイントすることで、ソーシャルディスタンスを保ちながら居合わせる空間をつくり出した。〔中央公会堂南東側川沿いデッキ〕では、フラフープで3mの離隔距離を可視化する遊びをインストールし、〔ばら園水際〕ではお気に入りの場所を可視化しながら離隔距離を確保する、風船を用いた参加型インスタレーションを行った。新しい時代に即したまちの楽しみ方を提案した。当日の活動を通してだれもが積極的に「まちを楽しむこと」に対する気付きが得られたのではないかと思う。

〔髙畑貴良志〕

図4　ばら園水際「バルーンディスタンス」

図3　中央公会堂南東側川沿いデッキ「フープディスタンス」

社外活動コラムⅣ

建築の外側で、業種を超えて社会を考える

自分たちの興味や疑問から場をつくるtalk baton

業種・組織を超えたプラットフォームとして、「多角的な視野の獲得」や「多様な価値の社会への発信」を目指して活動を展開してきた「U-35」。

その活動の一つである「talk baton」とは、建築以外の分野で活躍する様々なゲストを訪ねて座談会やワークショップを行う、建築の外から建築を考えるinputの場だ。これまでに計22回開催し、多種多様な同世代をつなげるプラットフォームを創出してきた。

目的は、気負わずフラットに、自分たちの興味や疑問を学ぶ機会をつくること。メンバーが学びたい分野の専門家を選定し、伝手を辿って関係をつくり、ゲストを訪ねていく。登壇いただいたゲストに次の候補者を紹介いただくこともあれば、メンバー以外の参加を募ることもある。リレーのバトンのようにトークがつながり、参加者皆が多角的な視野を獲得する機会をつくることが狙いだ。

図1　上左：建築と家具（工房での座談会）、上右：建築と舟（船上での座談会）
下左：建築とリズム、下右：建築と地元（フィールドワーク風景）

建築の外に踏み出し、設計に向き合う

これまでは「建築と家具」から始まり、「建築と地元」、「建築と花」など様々なテーマで開催してきた。「建築と不動産」では、近くて遠い不動産業界のバショやコトの捉え方を共有してもらい、大いに議論が盛り上がった。その他、「建築と美容」では鋏と頭の中のイメージでヘアスタイルをつくりあげる美容師、「建築とリズム」では苦悩の中で曲を生み出す孤独なピアニスト、「建築とプログラム」では見えないものを測り可視化するITプログラマー……など、普段なかなか話を聞く機会のないプロフェッショナルにも、設計業務に通じる悩みや、それに対する乗り越え方を示してもらう場となった。

建築の外側に踏み出し、建築以外の専門家と多角的な意見を持ち寄る場で、自分たちの建築設計という行為自体を再定義し、まだ見ぬ可能性を秘めていることにも気付かされる。設計者として建築に日々向き合う私たちにとって、建築的思考の枠の外でフラットな社会との接点をもつこともまた、社会における建築を認知するために必要なことなのではないかと思う。

〔興津俊宏〕

これまでの『talk baton』

talk baton 01「建築と家具」
talk baton 02「建築と不動産」
talk baton 03「建築と庭」
talk baton 04「建築と地元」
talk baton 05「建築と農業」
talk baton 06「建築と街区」
talk baton 07「建築とコト」
talk baton 08「建築と美容」
talk baton 09「建築と地方」
talk baton 10「建築とリズム」
talk baton 11「建築とおもてなし」
talk baton 12「建築と大工」
talk baton 13「建築と壁画」
talk baton 14「建築とプログラム」
talk baton 15「建築と花」
talk baton 16「建築と泊」
talk baton 17「建築とUD」
talk baton 18「建築と屋台」
talk baton 19「建築と仏教」
talk baton 20「建築と舟」
talk baton 21「建築とパブリック」
talk baton 22「建築と絵」

時代の変化と建築、設計者

「社会で愛され、生きながらえる建築をつくる」というテーマを真剣に考えたい人たちが集ったのが「U-35」です。今後人口が減少し社会が縮小しても、私たち設計者が社会で信頼される存在、求められる職能であり続けたい。私たちの世代には、危機感にも似た切実な感覚があります。

日本が右肩上がりに成長してきた時代には、都市の拡張に合わせて必要とされる建築も多く、また建設コストを多く掛けてでも「〝建築家の先生〟に設計を依頼しよう」という施主もたくさんいました。個人で活動する設計者であれ組織に属する設計者であれ、個の思想が建築デザインにいきいきと発露していた、百花繚乱のキラキラした時代があったのです。残念ながら私たちにその時代の記憶はほとんどなく、物心がついた時にはすでに経済はゆっくりと停滞し、その過程で「ハコモノ行政」などと揶揄される建築の姿も目にしてきました。

〝優れたデザイン〟はいつの時代も普遍的なテーマですが、だからこそ、私たち「U-35」世代の設計者は「だれのために、何を考えて設計すべきか」という社会的な視点をもち、建築をつくることの重要性を感じています。分野によっては自動生成で建築設計が行われるほどテクノロジーが発展した時代です。そんな時代において、それでも私たちのような設計者が社会から必要とされ、建築が豊かな社会をつくる一助となるためにはどんな試行錯誤や挑戦が必要なのか？　組織に属する設計者として、問い続けていきます。

おわりに

２０２３年4月でＵ-35委員会は発足10周年を迎える。本書ではメンバーの仕事に焦点を当てたが、通常の委員会活動はコラムで紹介したようなワークショップやフィールドワーク、社会実験などの企画が多い。所属組織の外で同世代が集まり、フラットな立場で意見をぶつけ合い、実社会へ向けたアクションに変換する。現役メンバーは毎年若返り、常に若手ならではの新たな視点で「Ｕ-35」らしいアプローチを模索している。

発足当初のメンバーはすでにアラフォー世代となり、所属組織のチームリーダーになった者や拠点を海外に移した者など、様々な立場で活躍している。こうしたＯＢメンバーの存在は、現役メンバーの刺激的なロールモデルでもある。本書に収録した座談会では年齢差が10歳以上もあるメンバーが集い、世代や組織を超えた多様な経験を語った。普段はライバル会社に所属するメンバー同士、共通する悩みもあれば、独自の工夫や発想の転換に学ぶところも多く、それぞれの実務で知らず知らず抱え込んでいた悩みを自覚し、各々が次のステップを見つける場になったのではないかと思う。思いを発散・蓄積できるプラットフォームである「Ｕ-35」と「所属組織」を行き来することが、私たち組織設計・ゼネコンではたらく設計者にとって支えになっていることを改めて実感した。

私もじきにＯＢメンバーとなる。入社後の10年という成長の時期に、多くを学び、刺激を受け、同じように悩み成長し合えるメンバーと活動を共にすることができたことを、とても感謝している。

同世代の設計者の方々へ、所属されている組織の大小にかかわらず、ご興味をもたれたら是非、「Ｕ-35」で活動をともにしてみませんか。

２０２３年3月　平岡翔太

[編著者]

（一社）日本建築協会 U-35 委員会

日本建築協会内の若手設計者を中心に、建築における多様な価値の発信を目的として 2013 年 4 月に発足。関西を拠点に活動し、主に組織に属する概ね 35 歳以下の設計者で構成される。組織を超えたプラットフォームづくりだけでなく、都市のフィールドワークや社会実験の開催、異分野同世代のプロフェッショナルや学生との対話、国境を越えた若手建築家との議論など、年々活動の幅を拡げている。

U-35 委員会▶　日本建築協会▶

[著者]

山本和宏（やまもと・かずひろ）　昭和設計
粉川壮一郎（こがわ・そういちろう）　安井建築設計事務所
市川雅也（いちかわ・まさや）　竹中工務店
平岡翔太（ひらおか・しょうた）　大建設計
鬼頭朋宏（きとう・ともひろ）　大成建設
小原信哉（こはら・のぶや）　山下設計
大屋泰輝（おおや・たいき）　大林組
出来佑也（でき・ゆうや）　昭和設計
宮武慎一（みやたけ・しんいち）　安井建築設計事務所
髙畑貴良志（たかはた・きよし）　日建設計
吉田悠佑（よしだ・ゆうすけ）　大林組
若江直生（わかえ・なおき）　日建設計
興津俊宏（おきつ・としひろ）　竹中工務店
下田康晴（しもだ・やすはる）　東畑建築事務所
石井衣利子（いしい・えりこ）　梓設計
箕浦浩樹（みのうら・ひろき）　大林組
三谷帯介（みたに・だいすけ）　鹿島

組織設計・ゼネコンで設計者になる
入社 10 年目までのはたらきかた

2023 年 4 月 15 日　第 1 版第 1 刷発行

編著者　（一社）日本建築協会 U-35 委員会
著者　山本和宏・粉川壮一郎・市川雅也・平岡翔太・鬼頭朋宏・小原信哉・大屋泰輝・出来佑也・宮武慎一・髙畑貴良志・吉田悠佑・若江直生・興津俊宏・下田康晴・石井衣利子・箕浦浩樹・三谷帯介

発行者　井口夏実
発行所　株式会社 学芸出版社
京都市下京区木津屋橋通西洞院東入
電話 075-343-0811　〒 600-8216
http://www.gakugei-pub.jp/
info@gakugei-pub.jp

編集担当　岩切江津子

装丁　北田雄一郎
DTP　梁川智子
イラスト　森下大右

印刷　創栄図書印刷
製本　新生製本

JCOPY 〈（社）出版者著作権管理機構委託出版物〉
本書の無断複写（電子化を含む）は著作権法上での例外を除き禁じられています。複写される場合は、そのつど事前に、（社）出版者著作権管理機構（電話03-5244-5088、FAX 03-5244-5089、e-mail: info@jcopy.or.jp）の許諾を得て下さい。
また本書を代行業者等の第三者に依頼してスキャンやデジタル化することは、たとえ個人や家庭内での利用でも著作権法違反です。

© （一社）日本建築協会 U-35 委員会 2023　Printed in Japan
ISBN978-4-7615-2849-2